VERONIKA PICHL

ONE POT LOW-CARB

Kohlenhydratarm kochen – mit nur einem Topf

riva

Bibliografische Information der Deutschen Nationalbibliothek:
Die Deutsche Nationalbibliothek verzeichnet diese Publikation in der Deutschen Nationalbibliografie; detaillierte bibliografische Daten sind im Internet über http://d-nb.de abrufbar.

Für Fragen und Anregungen:
info@rivaverlag.de

Originalausgabe
2. Auflage 2018

Nymphenburger Straße 86
D-80636 München
Tel.: 089 651285-0
Fax: 089 652096

Redaktion: Eva Siegmund
Umschlaggestaltung: Isabella Dorsch
Umschlagabbildungen: primopiano/Shutterstock.com, Lesya Dolyuk/Shutterstock.com, Marisa Böckler (Couscous-Shrimps-Pot), Vanessa Faschingbauer (Pfannenpizza), Josephin Ritzka (Kohlrabi-Spinat-Suppe)
Satz: ZeroSoft, Timisoara
Druck: Florjancic Tisk d.o.o., Slowenien
Printed in the EU

ISBN Print 978-3-7423-0328-8
ISBN E-Book (PDF) 978-3-95971-821-9
ISBN E-Book (EPUB, Mobi) 978-3-95971-820-2

Inhalt

One-Pot-Zauberei: Ein Topf – alles drin

Ein stressiger Job, Haushalt, Kinderbetreuung und vielleicht auch noch ein regelmäßiges Sportprogramm – wäre es da nicht praktisch, wenn sich zumindest das Kochen fast von selbst erledigen würde? Und noch besser wäre es, wenn es danach nur einen einzigen Topf abzuwaschen gäbe.

Nach einer so praktischen Arbeitserleichterung sehnte sich auch Superhausfrau und Fernsehmoderatorin Martha Stewart. Darum revolutionierte die Buchautorin die Welt des Kochens kurzerhand mit ihrem eigenen Gericht, das sich fast von allein in nur einem einzigen Topf zubereiten sollte – die One Pot Pasta.

Martha Stewarts Kochinnovation ist dabei so einfach wie genial: Nudeln, klein geschnittene Zutaten und Soße werden im selben Topf gekocht und fertig ist die »One Pot Pasta«. So ist nicht nur ein leckeres, frisches Gericht ohne künstliche Zusätze ruck, zuck fertig, auch gibt es danach nur einen einzigen Topf abzuwaschen. Und auch der Geschmack kommt bei der One-Pot-Methode nicht zu kurz. Schließlich gart die Pasta direkt in der späteren Soße und schmeckt so besonders aromatisch.

Kein Wunder also, dass sich Martha Stewarts geniale One-Pot-Idee wie ein Lauffeuer in Food-Blogs und unter Hobbyköchen verbreiten sollte. Schnell war das Rezept in unzähligen Abwandlungen verfügbar und es entwickelte sich eine echte One-Pot-Pasta-Welle.

Aber es muss nicht immer Pasta sein! Es gibt unzählige Möglichkeiten, abwechslungsreiche Gerichte in nur einem Topf zu kochen – und das sogar kohlenhydratarm!
Wie sich die leckersten dieser fast »selbstkochenden« One-Pot-Zaubereien in nur einem Topf zubereiten lassen und dank ihrer Low-Carb-Tauglichkeit auch noch fitter und vielleicht sogar schlanker machen, will dieses Buch zeigen.

One Pot ist nicht gleich Eintopf

Die Idee, Gerichte in nur einem Topf zuzubereiten, ist gar nicht so neu. Schließlich gab es schon früher bei Oma häufiger mal einen deftigen Eintopf. Und auch Erbsensuppe, Minestrone oder ähnliche Gerichte sind keine neue Erfindung. Allerdings gleichen sich klassische Eintopfgerichte doch sehr: Gemüse, Nudeln, Kartoffeln, Hülsenfrüchte und Co. kommen gemeinsam mit Wasser und Gewürzen in einen Topf und am Ende entsteht eine leckere, sättigende Suppe. Doch mal ehrlich: Wer möchte schon jeden Tag Suppe essen?

Vermutlich kaum jemand. Genau aus diesem Grunde präsentieren sich moderne One-Pot-Rezepte auch nicht bloß als altbekannter Eintopf. Es bieten sich noch unzählige andere Möglichkeiten, gesunde und leckere Gerichte in nur einem Topf zuzubereiten – ohne dass jedes Mal ein klassischer Eintopf auf den Tisch kommt.

Schließlich werden beispielsweise auch Aufläufe, Gratins und Ofengerichte in nur einem Topf bzw. nur einer Form zubereitet. Durch clevere Zusammenstellung lassen sich dabei unzählige leckere, frische und gesunde Gerichte zubereiten. Und das klappt nicht nur mit Nudeln, sondern lässt sich mit ein bisschen Kreativität auch kohlenhydratarm oder diätfreundlich gestalten!

Und so bedeutet »One Pot« zwar »ein Topf«, aber ganz bestimmt nicht immer »Eintopf« – und das Konzept lässt sich gut in den stressigen Alltag integrieren, auch von denjenigen, die glauben, für gesunde Ernährung einfach keine Zeit zu haben!

Alles in einem Topf – so geht's

Alle Zutaten wandern in einen Topf, die Arbeit ist getan und es heißt nur noch »warten und entspannen«? Das wäre ziemlich praktisch. Zugegebenermaßen ist es ganz so einfach aber leider doch nicht. Schließlich kommt es bei One-Pot-Gerichten entscheidend auf die richtige Kochstrategie an.

Bei vielen Rezepten gilt es, nicht nur die richtige Flüssigkeitszugabe zu beachten, sondern man muss die Zutaten auch in der richtigen Reihenfolge hinzufügen bzw. im Kochgeschirr schichten, damit ein optimaler Garpunkt aller Komponenten erreicht werden kann.

Wer beispielsweise Zucchini und Kohlrabi in nur einem Topf zubereiten will, wird kein zufriedenstellendes Ergebnis erreichen, wenn man das grüne Kürbisgewächs unten im Topf platziert, dann mit Kohlrabi bedeckt und beides gleich lang köchelt. Aller Voraussicht nach lässt sich auf diese Weise schließlich nur Zucchinipüree mit ziemlich bissfestem Kohlrabitopping zubereiten – ein Ergebnis, das wohl nur den wenigsten wirklich schmecken dürfte.

Zusätzlich empfehle ich auch bei einigen Rezepten, einzelne Zutaten anzu-

braten, bevor sie mit den restlichen Ingredienzen in den Topf wandern dürfen. So kommt zwar ein Arbeitsschritt mehr zustande, als es in Martha Stewards One-Pot-Pasta-Klassiker vorgesehen ist, dafür fehlt es dem Gericht später aber auch nicht an leckeren Röstaromen. Selbstverständlich können aber zum Anbraten und zur späteren Zubereitung derselbe Topf, dieselbe Pfanne oder derselbe Bräter verwendet werden – das ist praktisch, einfach und erzeugt auch keinen Mehraufwand beim späteren Abwasch. Mit der One-Pot-Methode ohne großen Aufwand auch abends nach der Arbeit oder generell im Alltag eine frische, gesunde Mahlzeit zaubern – das wäre für viele schon ein echter Meilenstein auf dem Weg zu einer gesünderen und bewussten Ernährung. Glücklicherweise geht das mit meinen tollen, abwechslungsreichen Rezepten auch ohne großen Aufwand und viel Küchenchaos.

Eine wichtige Grundvoraussetzung gibt es jedoch: Der richtige Topf muss her!

Welcher Topf ist One-Pot-tauglich?

Praktischerweise lassen sich die meisten One-Pot-Gerichte mit jedem beliebigen Topf zubereiten, der sich im Küchenschrank finden lässt. Allerdings gibt es Eigenschaften, die das Kochen in nur einem Topf deutlich erleichtern können:

Insbesondere kann ein **beschichteter Topf** dabei helfen, das Anbrennen zu verhindern. Zusätzlich hilft die Beschichtung dabei, bei der Zubereitung weniger Fett zu verwenden. Gleiches gilt natürlich auch dann, wenn eine – ausreichend große – Pfanne als Kochgeschirr verwendet werden soll. Außerdem sollte zusätzlich darauf geachtet werden, dass ein **passender Deckel** vorhanden ist. Anderenfalls kann während des Kochvorgangs zu viel Flüssigkeit verdampfen und die richtige Konsistenz des Gerichts eventuell nicht erreicht werden. Dazu eignet sich z. B. auch ein Spritzschutzdeckel, den man auf diverse Töpfe und Pfannen unterschiedlicher Größe auflegen kann.

Praktisch kann es außerdem sein, ein ofenfestes Gefäß zum Zubereiten einiger One-Pot-Gerichte zu verwenden. So kann beispielsweise etwas auf dem Herd angebraten und später im selben Topf im Ofen fertiggegart werden. Besonders gut sind hierfür Bräter oder ofenfeste Töpfe und Pfannen mit abnehmbarem Griff geeignet. Nicht ofenfeste Töpfe oder Pfannen insbesondere mit Plastikgriffen dürfen selbstverständlich auf keinen Fall in den Ofen wandern!

Ist der richtige Topf einmal gefunden, eignen sich One-Pot-Rezepte ideal auch für Kochanfänger oder Küchenmuffel. Schließlich müssen hier nicht mehrere Schritte in unterschiedlichen Pfannen und Töpfen parallel nebeneinander ausgeführt werden. Stattdessen werden erst die Zutaten vorbereitet und dann folgt ganz in Ruhe ein Arbeitsschritt nach dem anderen – und wenn die One-Pot-Zauberei erst einmal auf dem Herd steht oder im Ofen gart, bleibt noch genug Zeit, um schon einmal mit dem Aufräumen zu beginnen oder ein paar Minuten durchzuatmen.

Gleichzeitig helfen meine Rezepte dabei, auf eine gesunde, kohlenhydratarme Ernährung zu achten. Viele der frischen, gesunden Gerichte sind schneller nebenbei zubereitet, als der Lieferservice eine ungesunde, kohlenhydratreiche Mahlzeit liefern kann, nach der wir uns müde, schwer und einfach unfit fühlen.

Low-Carb-Basics

Aber warum muss es denn Low-Carb sein? Macht das nicht alles gleich viel komplizierter? Und wofür soll das überhaupt gut sein?
Ganz einfach: Viele Studien und die Erfahrungen unzähliger Low-Carb-Fans bestätigen mittlerweile die positiven Auswirkungen des Low-Carb-Ernährungskonzepts auf Gesundheit und Wohlbefinden. Und auch beim Abnehmen hilft uns eine kohlenhydratreduzierte Ernährung weiter. Warum also nicht beide Vorteile verbinden?

Low-Carb-Vorteile im Überblick

Low-Carb fördert den Muskelaufbau und die Reduktion von Körperfett

Gerade Sportler und Abnehmwillige kommen mit einer kohlenhydratreduzierten Ernährung weiter. Schließlich rücken hier Proteine und gesunde Fette auf dem Speiseplan viel weiter in den Vordergrund. Und Proteine wiederum sind der Stoff, aus dem unsere Muskeln gemacht sind. Völlig logisch also, dass wir durch eine kohlenhydratarme und proteinreiche Ernährung in Verbindung mit regelmäßigem Training effektiver Muskeln aufbauen und unseren Körper straff und stark formen können.

Zusätzlich hilft eine geringere Kohlenhydratzufuhr dabei, Körperfett effektiv abzubauen. Das hängt damit zusammen, dass insbesondere einfache Kohlenhydrate unserem Körper als schneller Brennstoff dienen. Nehmen wir sie über unsere Nahrung auf, schnellt unser Insulinspiegel in die Höhe und blockiert unseren Fettstoffwechsel. Das bedeutet: Treiben wir nun Sport oder benötigen anderweitig Energie, greift unser Körper hierfür zuerst auf die schnell verfügbaren Kohlenhydrate zurück. Ungeliebtes Körperfett hingegen bleibt so lange unangetastet, bis die Kohlenhydratreserven verbraucht sind.

Reduzieren wir jedoch die über unsere Nahrung aufgenommene Kohlenhydratmenge, greift unser Körper zur Energiegewinnung viel schneller auf unsere Fettreserven zurück.

Low-Carb verhindert zu hohe Cholesterinwerte

Obwohl unser Körper ohne Cholesterin nicht auskommt, bedeuten erhöhte Cholesterinwerte nichts Gutes. Vielmehr sind sie für ein höheres Risiko, an Herz-Kreislauf-Leiden zu erkranken, verantwortlich. Schließlich können unsere Blutgefäße durch zu hohe Cholesterinwerte verstopfen und die Sauerstoff- und Nährstoffversorgung von Herz und Gehirn wird verschlechtert.
Zu beachten ist dabei, dass sich das im Blut gemessene Gesamtcholesterin aus mehreren Fraktionen zusammensetzt. Insbesondere sind diese das LDL- und das HDL-Cholesterin. Die Bezeichnungen leiten sich dabei von der Dichte ihrer chemischen Zusammensetzung ab und stehen für High-Density- und Low-Density-Lipoprotein. Diese Verbindungen sind dafür verantwortlich, Cholesterin von unserer Leber weg- bzw. zur Leber zurückzutransportieren.
Befinden sich allerdings zu große Mengen des LDL-Cholesterins im Blut, wirkt sich das negativ auf den Organismus aus. Schließlich gilt das LDL-Cholesterin als Blutfett und ist insbesondere für die Entwicklung von Gefäßverkalkungen verantwortlich – entsprechend ist es auch als »schlechtes Cholesterin« bekannt.
Das HDL-Cholesterin hingegen hat die Aufgabe, Cholesterin aus dem Gewebe (und auch aus der Gefäßwand) aufzunehmen und zu unserer Leber zurückzutransportieren. Dem »guten« HDL-Cholesterin wird darum eine gefäßschützende Wirkung zugeschrieben – ein niedriger HDL-Wert wiederum wird mit dem Risiko von Herzerkrankungen in Verbindung gebracht.
Und auch hier hilft Low-Carb weiter! Schließlich kann eine ausgewogene, nicht allein auf tierischem Eiweiß basierende kohlenhydratreduzierte Ernährung das Verhältnis zwischen »gutem« und »schlechtem« Cholesterin nachweislich positiv beeinflussen.

Low-Carb beugt Entzündungen vor

Oft wird nach einem Umstieg auf Low-Carb von weniger Gelenkbeschwerden und anderen Schmerzen berichtet. Das hat insbesondere damit zu tun, dass ein durch den Kohlenhydratkonsum hoher Insulinspiegel auch mit im Blut nachweisbaren Entzündungsmarkern in Verbindung gebracht wird. Wer sich hingegen Low-Carb ernährt, mutet seinem Körper einen geringeren Insulinausstoß zu.

Low-Carb stabilisiert den Blutzuckerspiegel

Basiert unsere Ernährung in erster Linie auf Kohlenhydraten, erlebt unser Blut-

zuckerspiegel täglich eine regelrechte Achterbahnfahrt. Nach dem Verzehr insbesondere einfacher Kohlenhydrate (Zucker, Weißmehl, süße Getränke) schnellt er rasant in die Höhe – und fällt kurze Zeit später wieder genauso schnell ab.
Leider ist dieses ständige Hin und Her jedoch alles andere als gesund. Neben Stimmungsschwankungen und Heißhunger kann die Blutzucker-Achterbahn nämlich sogar Diabetes verursachen. Wer hingegen auf Low-Carb umsteigt und auf einfache Kohlenhydrate weitestgehend verzichtet, befreit seinen Körper von der Blutzucker-Berg-und-Tal-Fahrt.

Low-Carb schenkt mehr Energie

Oftmals wird nach dem Umstieg auf Low-Carb auch von mehr Energie und Wohlbefinden berichtet. Ein Grund dafür ist, dass sich meist Ernährungsgewohnheiten positiv verändern und mehr frische Lebensmittel verzehrt werden. Hierdurch stehen dem Körper endlich ausreichende Mengen an Mikronährstoffen (Vitamine, Mineralien und Spurenelemente) zur Verfügung.
Außerdem hängt das Gefühl, endlich mehr Energie zu haben, auch mit dem stabileren Blutzuckerspiegel zusammen. Bleibt der Blutzuckerspiegel niedriger, muss nämlich auch weniger Insulin (das im Körper dafür verantwortlich ist, den Blutzuckerspiegel zu normalisieren) ausgeschüttet werden. Und ein niedriger Insulinspiegel wiederum unterstützt unsere Mitochondrien bei der Energieerzeugung – wir fühlen uns im Ergebnis also energiegeladener.

Low-Carb – das Ernährungskonzept

Wer sich diese erheblichen Vorteile sichern möchte, ist mit unseren One-Pot-Low-Carb-Rezepten auf dem richtigen Weg! Schließlich hilft das beste Ernährungskonzept nur wenig, wenn es sich schlecht oder gar nicht in den Alltag integrieren lässt. Ganz anders sieht das aber zum Glück bei meinen Rezepten aus. Nicht nur lassen sich alle Gerichte ohne großes Koch-Chaos zubereiten, sie passen gleichzeitig auch perfekt in die Low-Carb-Küche und verhindern, dass wir aus Zeitmangel oder fehlender Kochlust in die Kohlenhydratfalle tappen!

Low-Carb im Alltag setzt auf drei wesentliche Punkte:

Kohlenhydratbomben vermeiden:
Das sind insbesondere
- Zucker und Süßigkeiten
- Brot, Nudeln, Chips und Weißmehlprodukte
- süße Limonade, Fruchtsaft und andere süße Getränke

Kohlenhydrate clever ersetzen:
- Brot und Nudeln
- Kuchen, Desserts und Süßigkeiten durch kohlenhydratarme, zuckerfreie Alternativen ersetzen und kreatives Kochen mit gesunden Fetten, natürlichem Eiweiß und viel Gemüse

Kohlenhydratfallen erkennen und vermeiden:
- Fertiglebensmittel – insbesondere Fertiggerichte und Fertigsoßen
- herkömmlich paniertes Fleisch
- mit Mehl angedickte Soßen und
- Light-Produkte

Low-Carb-Lebensmittel für die One Pots

»Und wovon soll ich dann satt werden, wenn Pasta und Kartoffeln nicht auf dem Speiseplan stehen?«, mag sich der ein oder andere fragen. Zugegeben, wer auf Low-Carb umsteigen will, muss beim Einkaufen etwas umdenken. Hungrig bleiben muss aber dennoch absolut niemand. Schließlich sättigen gerade Lebensmittel, die viele Proteine, Ballaststoffe oder gesunde Fette enthalten, besonders gut.
Einige Lebensmittel, die auf keinem Low-Carb-Speiseplan fehlen sollten, will ich hier vorstellen. Wie sich diese und viele andere gesunde Protein- und Nährstoffspender kreativ zubereiten lassen, zeigen später auch meine Rezepte.

1. Frisches, vorzugsweise saisonales Gemüse

Gemüse besteht meist zu einem großen Teil aus Wasser und liefert gleichzeitig viele Vitamine und Mineralien. Und auch als Ersatz für Kartoffeln oder

Pasta können viele Gemüsesorten besonders gut zum Einsatz kommen. Von Zucchinipasta bis hin zu Blumenkohlreis sind der Phantasie hier kaum Grenzen gesetzt.

2. Frische, säuerliche Früchte

Süße Früchte enthalten teilweise recht viele Kohlenhydrate. Allen voran Bananen und Weintrauben. Allerdings sind Früchte auch besonders wertvolle Spender von Vitaminen, Mineralien, Ballaststoffen und Antioxidantien und sollten darum nicht ganz vom Speiseplan verschwinden.

Insbesondere Beeren und Grapefruit enthalten viele Vitamine und schützen unsere Zellen mit wertvollen Antioxidantien. Gleichzeitig sind sie besonders kohlenhydratarm. Auf sie sollten wird darum keinesfalls verzichten. Außerdem weisen auch Aprikosen und Avocado einen geringen Kohlenhydratanteil auf und können unseren Speiseplan kreativ bereichern.

3. Fisch und Fleisch

Fisch und Fleisch sind die Proteinspender schlechthin und stehen darum besonders oft ganz oben auf dem Low-Carb-Speiseplan. Das hat nicht nur damit zu tun, dass sie keine Kohlenhydrate enthalten, dafür aber viel Eiweiß, das lange sättigt. Auch ist tierisches Protein

dem körpereigenen Eiweiß besonders ähnlich und versorgt uns darum mit allen lebensnotwendigen Eiweißbausteinen.

Nicht nur Fleisch, auch Fisch ist ein wertvoller Eiweißlieferant und gefroren oder beispielsweise als Dosenthunfisch immer schnell und ohne großen Aufwand zum Kochen einsatzbereit.

4. Eier und Milchprodukte

Eier und Milchprodukte sind wahre Proteinbomben und passen aus diesem Grund sehr gut in die Low-Carb-Ernährung. Besonders vielseitig lassen sich Eier, Hartkäse, Quark und Joghurt zubereiten.

5. Pflanzliche Proteinquellen

Es müssen aber nicht immer Fleisch und Milchprodukte sein! Wer entweder ganz auf Fleisch oder tierische Produkte verzichten will und sich die positiven Auswirkungen einer Low-Carb-Ernährung auf den Cholesterinspiegel zunutze machen möchte, kann auch unter anderem auf Pflanzenmilch, Tofu, Tempeh und Bohnen setzen. Diese pflanzlichen Lebensmittel weisen einen eher niedrigen, auch bei der Low-Carb-Ernährung vertretbaren Kohlenhydratgehalt auf und versorgen uns mit wertvollem Protein.

6. Frische Kräuter und Gewürze

Auch frische Kräuter und Gewürze dürfen auf dem Low-Carb-Einkaufszettel nicht fehlen. Nicht nur haben Rosmarin, Kurkuma, Basilikum, Zimt und Co. durch die enthaltenen ätherischen Öle zahlreiche gesundheitliche Vorteile. Auch helfen uns frische Kräuter und Gewürze dabei, Gewichtsfallen zu vermeiden. Leider sind nämlich gerade in fertigen Würzpulvern, Brühen und ähnlichen Produkten Zucker und Glutamat enthalten. Glutamat wiederum erwies sich in verschiedenen wissenschaftlichen Untersuchungen als echter Dickmacher. Das liegt daran, dass Glutamat die Rezeptoren des Hormons Leptin lahmlegt. So fühlen wir uns länger hungrig oder essen »über den Hunger hinaus« – schließlich ist Leptin das »Sättigungshormon« und soll unser Hungergefühl regulieren.

Die besten Low-Carb-Foods für Ihre One-Pot-Variationen

(Durchschnittswerte, produktabhängig)

Gemüse und Salate		
Weniger als 2 g Kohlenhydrate pro 100 g	**Weniger als 5 g Kohlenhydrate pro 100 g**	**Weniger als 10 g Kohlenhydrate pro 100 g**
Artischocken Blumenkohl Eisbergsalat Endiviensalat Feldsalat Kopfsalat Kresse Römersalat Salatgurken Spargel Spinat Zucchini	Auberginen Brokkoli Fenchel Grünkohl Kohlrabi Kürbis Lauch Mangold Paprika (grün + gelb) Rettich Rosenkohl Sellerie Tomaten Weißkohl Wirsing	Möhren Paprika (rot) Zwiebeln
Obst		
Weniger als 2 g Kohlenhydrate pro 100 g	**Weniger als 5 g Kohlenhydrate pro 100 g**	**Weniger als 10 g Kohlenhydrate pro 100 g**
	Avocado Himbeeren Zitrone	Brombeeren Erdbeeren Heidelbeeren Johannisbeeren Kiwi Mandarine Orange Papaya Pfirsich Stachelbeeren Wassermelone

Milchprodukte und Käse		
Weniger als 2 g Kohlenhydrate pro 100 g	**Weniger als 5 g Kohlenhydrate pro 100 g**	**Weniger als 10 g Kohlenhydrate pro 100 g**
Bergkäse Blauschimmelkäse Brie Butter Butterkäse Edamer Emmentaler Gorgonzola Gouda Parmesan Ricotta Schmand (40 % Fett) Schmelzkäse Speisequark Tilsiter	Buttermilch Hüttenkäse Joghurt Körniger Frischkäse Quark (Magerquark) Sahne (30 % Fett) Vollmilch (3,5 % Fett)	
Fisch und Meeresfrüchte		
Weniger als 2 g Kohlenhydrate pro 100 g	**Weniger als 5 g Kohlenhydrate pro 100 g**	**Weniger als 10 g Kohlenhydrate pro 100 g**
Aal Forelle Garnelen, Hummer, Shrimps Heilbutt Hering Kabeljau Karpfen Lachs Makrele Sardinen, Sardellen Scholle Seezunge Steinbutt Thunfisch	Miesmuscheln Tintenfisch	Jakobsmuscheln Venusmuscheln
Fleisch und Wurst		
Weniger als 2 g Kohlenhydrate pro 100 g	**Weniger als 5 g Kohlenhydrate pro 100 g**	**Weniger als 10 g Kohlenhydrate pro 100 g**
Bratwurst Corned Beef Ente	Hühnerleber Kalbsleber	

Weniger als 2 g Kohlenhydrate pro 100 g	Weniger als 5 g Kohlenhydrate pro 100 g	Weniger als 10 g Kohlenhydrate pro 100 g
Fleischkäse Fleischwurst Gans Hühnchen Kalb Leberwurst Mettwurst Pute Rind Salami Schinkenwurst Schwein		
Alkoholhaltige Getränke		
Weniger als 2 g Kohlenhydrate pro 100 g	**Weniger als 5 g Kohlenhydrate pro 100 g**	**Weniger als 10 g Kohlenhydrate pro 100 g**
Sherry (trocken)	Bier Champagner Rotwein Sekt Weißwein	Apfelwein Beeren-Eiswein
Öle und Fette		
Weniger als 2 g Kohlenhydrate pro 100 g	**Weniger als 5 g Kohlenhydrate pro 100 g**	**Weniger als 10 g Kohlenhydrate pro 100 g**
Butter Distelöl Erdnussöl Kokosöl Kürbiskernöl Leinsamenöl Margarine Mayonnaise Olivenöl Schweineschmalz Sesamöl Sojaöl Sonnenblumenöl Traubenkernöl Walnussöl		

Nudeln, Reis, Croûtons und Brot clever ersetzen

Da herkömmliche Nudeln und Reis aufgrund des hohen Kohlenhydratgehalts nicht für unsere Low-Carb One Pots geeignet sind, zeige ich Ihnen hier einige Alternativen. Gerade bei sehr fleisch- und fischlastigen Gerichten sind diese Zugaben eine leckere Variationsmöglichkeit. Zu beachten ist, dass Gemüsenudeln & Co. keine zu langen Garzeiten haben und meist erst gegen Ende der Kochzeit hinzugefügt werden sollten.

Gemüsenudeln

Leckere Spaghetti und gesunde Bandnudeln lassen sich ganz einfach und kohlenhydratarm selbst herstellen. Und hierfür ist nicht einmal viel Aufwand oder besonderes Gerät notwendig!
Zur Zubereitung leckerer Gemüsepasta sind beispielsweise Zucchini, Karotte, Rote Bete oder auch Kürbis geeignet. Nach dem Waschen kann das rohe Gemüse mit dem Sparschäler oder einem praktischen Spiralschneider in Spaghetti- oder Bandnudelform gebracht werden. Nun können die Gemüsenudeln zum gewünschten One-Pot-Gericht hinzugegeben und etwa 2 bis 4 Minuten mitgekocht oder -gebraten werden.

Konjakpasta und -reis

Konjaknudeln sind hierzulande noch weniger bekannt – unter Low-Carb-Fans erfreuen sich die asiatischen Nudeln aber bereits großer Beliebtheit. Anders als bei uns wird die kohlenhydratfreie Pasta-Alternative in den USA bereits als »Miracle Noodle« gefeiert und hat dort schon längst die Supermärkte erobert.

Kein Wunder eigentlich, schließlich wird mit den aus dem Mehl der Konjakwurzel hergestellten Nudeln Pastagenuss nicht nur fast kalorien-, sondern auch kohlenhydratfrei möglich.

Tatsächlich enthalten die weißen Nudeln, die im Internet oder Asiamarkt erhältlich sind, nur etwa 0,4 Gramm Fett, 0,4 Gramm Kohlenhydrate und gerade einmal 8 Kalorien pro 100 Gramm!

Und ihre Zubereitung ist besonders einfach, sodass die Low-Carb-Nudeln auch One-Pot-Rezepte in Sekundenschnelle bereichern können. Und das geht so:

Konjaknudeln sind, anders als normale Pasta, nicht trocken, sondern werden in Wasser abgepackt geliefert. Obwohl es sich hier bloß um Wasser handelt, nimmt dieses den Geruch der Konjakwurzel an – dieser Geruch wird teilweise als etwas eigenartig empfunden. Besonders wichtig ist es darum, die Konjaknudeln vor der Zubereitung gründlich abzuspülen, sodass ihr Eigengeruch verschwindet.

Ist das geschehen, ist die Low-Carb Pasta so gut wie geschmacksneutral und kann ganz leicht weiterverarbeitet werden. Hierfür ist es nicht einmal notwendig, die Supernudeln zu kochen! Sie können stattdessen bei Pfannengerichten einfach 2 bis 3 Minuten mitgebraten werden oder bei anderen One-Pot-Gerichten 1 bis 3 Minuten in der heißen Soße durchziehen – fertig!

Aus der Konjakwurzel werden auch Konjakmehl und Konjakreis hergestellt. Das Mehl ist sehr sättigend und kann z. B. zum Andicken von Smoothies oder zum Binden von Soßen verwendet werden.

Der Konjakreis sieht in etwa aus wie herkömmlicher Reis, ist von der Konsistenz und Zubereitung ähnlich der Konjaknudel.

Gemüsereis

Auch Reis aus Blumenkohl oder Brokkoli erfreut sich unter Low-Carb-Fans wachsender Beliebtheit und ist schon längst kein Insidertipp mehr. Schließlich ist der Gemüsereis besonders leicht zuzubereiten, lecker und auch noch sehr sättigend. Dabei macht sich der schmackhafte Low-Carb-Reis sowohl als Beilage als auch in One-Pot-Currys oder anderen Gerichten mit Soße besonders gut.

Zur Zubereitung von Blumenkohl- oder Brokkolireis wird das Gemüse einfach von Strunk und Blättern befreit, gewaschen und in Röschen geteilt. Nun kann der rohe(!) Blumenkohl oder Brokkoli einfach in der Küchenmaschine zerkleinert werden, bis kleine Körnchen entstehen, die optisch an Reis erinnern.

Der so hergestellte Reis kann nun entweder in der Pfanne mit wenig Fett etwa 5 bis 6 Minuten angebraten oder etwa 7 Minuten vor Ende der Kochzeit zu anderen One-Pot-Gerichten hinzugefügt und mitgekocht werden.

Low-Carb-Brot und Croûtons

Auch auf Brot und Baguette zum Dippen oder Croûtons müssen Sie nicht verzichten. Schließlich lässt sich leckeres Gebäck auch kohlenhydratreduziert beispielsweise aus Mandelmehl oder Leinsamenmehl herstellen.

Meist können dazu bei den liebsten Gebäckrezepten bis zu 20 Prozent des herkömmlichen Mehls durch Mandel- oder Leinsamenmehl ersetzt werden. Durch ihren Ballaststoffreichtum binden diese kohlenhydratreduzierten Mehlsorten allerdings mehr Flüssigkeit als herkömmliches Weizenmehl, darum muss bei der Verarbeitung darauf geachtet werden, die zugegebene Flüssigkeitsmenge um etwa 10 Prozent zu erhöhen.

Aber keine Sorge, auch hierzu hält der Rezeptteil leckere Rezepte bereit.

Zum Umgang mit diesem Buch

Ich habe Ihnen auf den vorhergehenden Seiten die Grundlagen der Low-Carb-Ernährung und der One-Pot-Zubereitung vorgestellt. Im Rezeptteil finden Sie nun leckere, abwechslungsreiche One-Pot-Gerichte mit reduzierten Kohlenhydraten, die Sie ohne viel Küchenchaos zubereiten können.
Viel Spaß beim Ausprobieren und gutes Gelingen!

Weitere Infos und Empfehlungen zu Spiralschneidern und diversen Low-Carb-Produkten wie z. B. Low-Carb-Mehlen, Konjakprodukten etc. finden Sie auf der Seite zum Buch unter www.onepot-lowcarb.de.

Bei jedem Rezept finden Sie Nährwertangaben:

- Kcal steht für Kilokalorien,
- KH für Kohlenhydrate,
- F für Fett,
- P für Protein.

Außerdem sind vegetarische und glutenfreie Rezepte übersichtlich gekennzeichnet:

vegetarisch
vegan
glutenfrei

Glutenfrei: Bitte achten Sie bei Ihren Produkten immer auf das Etikett, besonders bei Schokolade, Käse, Gemüsebrühe, Eiweißpulver, Kakaopulver, Gewürzen etc. Auch wenn diese Zutaten meist frei von Gluten sind, können von den Herstellern bestimmte Zusätze verwendet werden, die nicht glutenfrei sind.

One Pot mit Fleisch

Rindfleischtopf

2 Portionen
Pro Portion: 429 kcal / 12,9 g KH / 41,8 g P / 19,5 g F

- 1 Zwiebel
- 200 g Karotten
- 300 g Sellerie
- 400 g Rindfleisch
- 1 EL Öl
- 350 ml Gemüsebrühe
- Salz
- Pfeffer
- 4 EL Sahne (optional zum Verfeinern)
- 5 Stiele Petersilie

1. Die Zwiebel abziehen. Karotten und Sellerie waschen und schälen. Alles in Würfel bzw. Scheiben schneiden.
2. Das Rindfleisch waschen, trockentupfen und in Streifen oder Würfel schneiden.
3. Öl in den Topf geben und erhitzen.
4. Zwiebel, Karotten, Sellerie und Rindfleisch hinzufügen und anbraten.
5. Mit Gemüsebrühe ablöschen und ca. 15–20 Minuten köcheln lassen.
6. Anschließend mit Salz, Pfeffer und etwas Sahne abschmecken.
7. Petersilie waschen, trockenschütteln und hacken. Das Gericht mit der gehackten Petersilie servieren.

Mariniertes Schweinefilet auf Ofengemüse

2 Portionen

Pro Portion: 542 kcal / 27,1 g KH / 61 g P / 18 g F

Für die Marinade
1 Zweig Rosmarin
1 Knoblauchzehe
40 ml Weißwein
25 ml Olivenöl
Salz
Pfeffer
1 Prise Chiliflocken

500 g Schweinefilet am Stück
2 große Karotten
1 Pastinake
1 Zucchini
1 rote Paprikaschote
1 Zwiebel

1. Das Filet abwaschen, trockentupfen und am Stück in eine Auflaufform geben.
2. Rosmarinzweig zerkleinern, Knoblauchzehe pressen, zusammen mit Weißwein, Olivenöl, Salz, Pfeffer und Chiliflocken in der Auflaufform vermischen.
3. Das Fleischstück in der Marinade wenden, bis alle Seiten bedeckt sind.
4. Abgedeckt im Kühlschrank etwa 30–40 Minuten ziehen lassen.
5. Währenddessen Karotten, Pastinake, Zucchini und Paprika abwaschen und trockentupfen.
6. Karotten und Pastinake schälen und in etwa 1,5 cm dicke Stücke, die Zucchini in 2 cm dicke Stücke und die Zwiebel in große Würfel zerkleinern.
7. Paprika entkernen und in längliche Streifen schneiden.
8. Ofen auf 200 °C Ober-/Unterhitze vorheizen.
9. Auflaufform aus dem Kühlschrank nehmen.
10. Falls die Auflaufform auch für den Herd geeignet ist, kann man das Filet auch rundherum scharf anbraten.

11. Das geschnittene Gemüse einfüllen und das Fleisch obenauf legen.
12. Zusammen ca. 30–35 Minuten garen. Um zu überprüfen, ob das Fleisch gar ist, kann man es einschneiden (es sollte innen leicht rosa sein) oder die Kerntemperatur prüfen – sie sollte um die 60 °C liegen.
13. Zum Servieren das Fleisch in Scheiben schneiden und mit dem gegarten Gemüse und dem Bratensud anrichten.

Gyrostopf

6 Portionen

Pro Portion: 413 kcal / 23,6 g KH / 24,5 g P / 22,9 g F

- 2 Zwiebeln
- 2 Knoblauchzehen
- 2 Paprikaschoten (rot und gelb)
- 700 g Weißkohl
- 1 EL Öl
- 500 g Schweinegeschnetzeltes nach Gyrosart
- 500 g passierte Tomaten
- 1 l heißes Wasser
- 400 g stückige Tomaten aus der Dose
- 1 EL Oregano
- 3 EL Paprikapulver
- Salz
- Pfeffer
- 100 g Cheddar
- 200 ml Schlagsahne
- 1 EL Johannisbrotkernmehl

1. Zwiebeln und Knoblauchzehen abziehen und würfeln/zerkleinern.
2. Paprikaschoten waschen und in kleine Stücke schneiden.
3. Weißkohl waschen und in Streifen schneiden.
4. Öl in einen Bräter geben und erhitzen.
5. Die Zwiebel- und Knoblauchstücke darin anbraten.
6. Geschnetzeltes hinzugeben und scharf anbraten.
7. Mit den passierten Tomaten ablöschen.
8. Paprika und Weißkohl hinzugeben.
9. Wasser dazugießen und köcheln lassen.
10. Die stückigen Tomaten hinzufügen und mit den Gewürzen abschmecken. Immer wieder umrühren.

11. Cheddar klein schneiden und mit der Sahne zum Eintopf geben.
12. Gegebenenfalls noch etwas Wasser hinzugeben und erneut abschmecken.
13. Zum Schluss das Johannisbrotkernmehl hinzugeben (einrieseln lassen und gut verrühren, damit es keine Klümpchen gibt), um die Soße zu binden.

Sauerkraut-Kassler-Topf

4 Portionen

Pro Portion: 351 kcal / 13 g KH / 28,8 g P / 15,3 g F

1 Zwiebel
1 Knoblauchzehe
500 g Kassler
500 g Suppengemüse nach Belieben (z. B. Karotten, Lauch, Sellerie)
250 g Petersilienwurzel
1 EL Öl (z. B. Olivenöl)
500 ml heißes Wasser
Salz
800 g Sauerkraut
Pfeffer
1 EL Paprikapulver

1. Zwiebel und die Knoblauchzehe abziehen und würfeln/zerkleinern.
2. Kassler in kleine mundgerechte Stücke schneiden.
3. Suppengemüse waschen, gegebenenfalls schälen und in kleine Würfel schneiden.
4. Petersilienwurzel schälen und würfeln.
5. Knoblauch und die Zwiebel in einen hohen Topf geben und mit heißem Öl andünsten.
6. Kassler dazugeben und von allen Seiten scharf anbraten.
7. Das Suppengemüse dazugeben.
8. Mit Wasser aufgießen und mit ca. 1 TL Salz abschmecken.
9. Kurz aufkochen lassen, das Sauerkraut dazugeben.
10. Petersilienwurzelwürfel ebenfalls unterrühren.
11. Das Ganze 45 Minuten köcheln lassen.
12. Mit Salz, Pfeffer und Paprikapulver abschmecken.

Tipp:

Mit einem Klecks Frischkäse servieren.

Kürbiscurry mit Schweinefilet

2 Portionen

Pro Portion: 521 kcal/22,4 g KH/32 g P/33 g F

- 200 g Hokkaido-Kürbis
- 1 rote Paprikaschote
- 1 EL Kokosöl
- 250 g Schweinefilet (oder andere Fleischsorte)
- 1 Dose Kokosmilch
- 2 EL gelbes Currypulver
- 1/2 TL Kurkuma
- Salz
- Pfeffer
- 5 Stiele Petersilie
- 1 EL Fischsoße

1. Kürbis waschen, halbieren, entkernen und grob würfeln.
2. Paprikaschote waschen, entkernen und in grobe Stücke schneiden.
3. Kokosöl in einem großen Topf erhitzen.
4. Schweinefleisch waschen, trockentupfen und würfeln. In den Topf geben und von allen Seiten scharf anbraten.
5. Hitze auf mittlere Stufe reduzieren und Kokosmilch, Currypulver, Kurkuma und jeweils eine Prise Salz und Pfeffer dazugeben und gut verrühren.
6. Kürbis- und Paprikastücke unterheben und bei niedriger Hitze (die Kokosmilch nicht kochen lassen, da sie sonst säuerlich schmeckt) mit einem Deckel abgedeckt ca. 15 Minuten garen lassen.
7. Petersilie waschen, trockenschütteln und hacken.
8. Zum Schluss Fischsoße hinzufügen und nochmals mit Salz und Pfeffer abschmecken.
9. Mit frischer gehackter Petersilie servieren.

Wirsing-Curry-Topf

2 Portionen

Pro Portion: 520 kcal / 12,3 g KH / 30 g P / 36,8 g F

- 300 g Wirsing
- 1/2 Zwiebel
- 1 EL Öl
- 250 g Hackfleisch (vom Rind)
- 50 g Sahne (fettreduziert)
- 50 g Kokosmilch
- 1 EL Gemüsebrühepulver
- 1 TL Sojasoße
- 150 ml Wasser
- 100 g Kichererbsen aus der Dose (durchgespült und abgetropft)
- 2 TL Currypulver
- Salz
- Pfeffer

1. Vom Wirsing die äußeren Blätter entfernen, waschen, vierteln, den Strunk entfernen und in Streifen schneiden.
2. Zwiebel abziehen und ebenfalls in feine Streifen schneiden.
3. Öl in einen Topf geben und das klein geschnittene Gemüse zusammen mit dem Hackfleisch ca. 5 Minuten bei mittlerer Hitze anbraten.
4. Sahne, Kokosmilch, Wasser, Gemüsebrühepulver und Sojasoße einrühren und noch mal ca. 10 Minuten weiterköcheln lassen.
5. Kichererbsen hinzufügen und mit Curry, Salz und Pfeffer abschmecken.
6. In 15–20 Minuten bei mittlerer Hitze fertigkochen.

Feuriger Paprikatopf

2 Portionen

Pro Portion: 372 kcal / 16 g KH / 49,8 g P / 9,8 g F

1 gelbe Paprikaschote
1 rote Paprikaschote
1 Chilischote
1 Zwiebel
400 g Schweineschnitzel
1 EL Öl
400 g stückige Tomaten (Dose)
1 EL Gemüsebrühepulver
Salz
Pfeffer
Paprikapulver
Chilipulver

1. Paprikaschoten und Chilischote waschen, entkernen und in Streifen schneiden.
2. Zwiebel abziehen und ebenfalls in Streifen schneiden.
3. Schnitzel abwaschen, trocken tupfen, klopfen und halbieren.
4. Öl in einem Topf oder einer Pfanne erhitzen und Schnitzel von beiden Seiten scharf anbraten.
5. Geschnittene Paprika, Chili und Zwiebel hinzufügen und weitere 5 Minuten anbraten.
6. Stückige Tomaten, Gemüsebrühepulver und Gewürze unterrühren. 15–20 Minuten bei mittlerer Hitze garen.
7. Mit Salz, Pfeffer, Paprika- und Chilipulver abschmecken.

Tipp:
Man kann den Paprikatopf auch weniger feurig ohne Chilischote zubereiten.

Gulaschtopf

4 Portionen

Pro Portion: 340 kcal/21,8 g KH/33,1 g P/10,1 g F

- 500 g Rindergulasch
- 1 Zwiebel
- 1 Knoblauchzehe
- 3 Paprikaschoten
- 500 g Suppengemüse
- 1 EL Olivenöl
- 500 g passierte Tomaten
- Oregano (getrocknet)
- Salz
- Pfeffer
- 500 ml heißes Wasser
- 1 Chilischote
- 400 g stückige Tomaten (Dose)
- 1/2 Bund Petersilie

1. Rindergulasch kurz durchspülen und abtropfen lassen.
2. Zwiebel und Knoblauchzehe schälen und würfeln/zerkleinern.
3. Paprikaschoten waschen, entkernen und in kleine Stücke schneiden.
4. Suppengemüse waschen und in mundgerechte Stücke schneiden.
5. Einen Topf mit Olivenöl erhitzen und die Zwiebel- und Knoblauchstücke darin anbraten.
6. Rindergulasch dazugeben und von allen Seiten scharf anbraten.
7. Suppengemüse dazugeben und 5 Minuten dünsten lassen.
8. Mit den passierten Tomaten ablöschen.
9. Mit Oregano, Salz und Pfeffer würzen.
10. Das Wasser dazugießen und köcheln lassen.
11. Die Chilischote waschen, entkernen und in dünne Ringe schneiden, unter die Paprika- und Tomatenstücke rühren.

12. Das Gulasch mindestens 1,5 Stunden auf niedriger Stufe köcheln lassen.
13. Bei Bedarf noch etwas Wasser hinzugeben.
14. Petersilie waschen, trockenschütteln und klein hacken.
15. 5 Minuten vor dem Servieren mit Petersilie, Salz und Pfeffer abschmecken.
16. Das Gulasch ist perfekt, wenn das Fleisch zerfällt.

Tipp:
Mit einem Klecks Frischkäse oder Schmand verfeinern.

Paprika-Hackfleisch-Topf

4 Portionen

Pro Portion: 538 kcal / 12,1 g KH / 41,5 g P / 35,5 g F

1 Zwiebel
1 Knoblauchzehe
3 Paprikaschoten (rot)
1 EL Olivenöl
500 g Rinderhackfleisch
500 ml heißes Wasser
400 g stückige Tomaten (Dose)
250 g Feta
1 Chilischote
Oregano (getrocknet)
Salz
Pfeffer
Paprikapulver (edelsüß)
5 Stängel Oregano oder Petersilie

1. Zwiebel und Knoblauchzehe abziehen und würfeln.
2. Paprikaschoten waschen, entkernen und in kleine Stücke schneiden.
3. Einen Topf mit Olivenöl erhitzen, Rinderhack scharf anbraten, herausholen und kurz zwischenlagern.
4. Jetzt die Zwiebel- und Knoblauchstücke im Topf anbraten.
5. Paprikastücke hinzufügen und kurz weiterdünsten, mit Wasser ablöschen.
6. Stückige Tomaten hinzugeben und ca. 10 Minuten köcheln lassen.
7. Etwa 100 g Feta in den Topf krümeln.
8. Chilischote waschen, ggf. entkernen, in dünne Ringe schneiden und zur Suppe geben, weitere 10 Minuten köcheln lassen.
9. Den Topfinhalt nun pürieren und mit Oregano, Salz, Pfeffer und Paprikapulver würzen.
10. Hackfleisch hinzugeben und kurz aufkochen lassen.

11. Petersilie oder Oregano waschen, trockenschütteln und hacken.
12. Den Paprika-Hackfleisch-Topf in Tellern servieren und nochmals gekrümelten Feta und frisch gehackte Kräuter darüberstreuen.

Tipp:

Wer es stückiger mag, lässt das Pürieren weg.

Jägertopf

4 Portionen

Pro Portion: 522 kcal/7,2 g KH/41,1 g P/36,1 g F

- 1 Zwiebel
- 200 g Kohlrabi
- 1 Karotte
- 300 g Champignons
- 50 g geräucherter Bauchspeck
- 1 EL Öl
- 600 g Gulasch vom Schwein
- 2 EL Tomatenmark
- 700 ml Gemüsebrühe + evtl. noch etwas Gemüsebrühe zum Nachgießen
- 300 ml Sahne
- 2 EL braunes Mandelmus

1. Backofen auf 180 °C Umluft vorheizen.
2. Zwiebel abziehen und in kleine Würfel schneiden.
3. Kohlrabi und Karotte waschen, schälen und in Würfel schneiden.
4. Champignons putzen und in Scheiben schneiden.
5. Geräucherten Bauchspeck klein würfeln.
6. Öl in einer Pfanne (mit abnehmbarem oder ofenfestem Griff) oder Auflaufform erhitzen. Gulasch anbraten.
7. Gewürfelte Zwiebel, Kohlrabi, Karotte und geräucherten Bauchspeck hinzufügen und mit anbraten.
8. Champignonscheiben hinzufügen.
9. Tomatenmark einrühren und mit Gemüsebrühe ablöschen.
10. Sahne und Mandelmus einrühren.
11. Deckel aufsetzen und im Backofen 45–50 Minuten durchgaren.

Tipp:

Wird die Soße zu sämig, noch 100–200 ml Gemüsebrühe nachgießen. Das Gericht lässt sich auch im Topf zubereiten. Die Kochzeit verlängert sich dadurch um ca. 30 Minuten und man sollte öfter mal umrühren.

Kohlrabi-Bandnudeln mit Schinken-Sahne-Soße

2 Portionen
Pro Portion: 470 kcal / 11 g KH / 20,5 g P / 37,8 g F

- 450 g Kohlrabi
- 200 g Schinken
- 20 g Butter
- 100 ml Gemüsebrühe
- 100 ml Sahne
- Salz
- Pfeffer
- Muskat

1. Kohlrabi waschen, schälen und mit einem Messer oder einem Sparschäler in sehr dünne Scheiben schneiden. Zu »Bandnudeln« zurechtschneiden.
2. Schinken würfeln.
3. Butter in einem Topf erhitzen, den Schinken darin anbraten.
4. Kohlrabinudeln hinzufügen und mit Gemüsebrühe und Sahne aufgießen.
5. Ca. 10–15 Minuten bei niedriger Hitze köcheln lassen, bis die Kohlrabinudeln weich sind. Mit Salz, Pfeffer und Muskat abschmecken.

Tipp:

Mit frischen Schnittlauchröllchen servieren.

Bockwurst-Gemüse-Pot

4 Portionen

Pro Portion: 385 kcal/9,9 g KH/17,1 g P/30,4 g F

- 1 Bund Lauchzwiebeln (ca. 150 g)
- 2 Zwiebeln
- 1 gelbe Paprikaschote
- 1 rote Paprikaschote
- 5 Cocktailtomaten
- 1 EL Olivenöl
- 4 Bockwürste oder Wurst nach Wahl (z. B. Regensburger, Thüringer usw.)
- 250 ml Gemüsebrühe
- Salz
- Pfeffer
- Paprikapulver (edelsüß)
- Chilipulver

1. Lauchzwiebeln waschen, die Enden abschneiden und in kleine Streifen schneiden.
2. Zwiebeln abziehen, halbieren und in Streifen schneiden.
3. Paprika und Tomaten waschen und in Streifen schneiden.
4. Olivenöl in eine Pfanne geben und erhitzen.
5. Die Würste darin beidseitig scharf anbraten, ein wenig zur Seite schieben und das Gemüse in der Pfanne verteilen.
6. Kurz anbraten und dann mit Gemüsebrühe ablöschen.
7. Mit Salz, Pfeffer, Paprika- und Chilipulver würzen, die Würste obenauf legen.
8. Zugedeckt ca. 15–20 Minuten köcheln lassen, bis das Gemüse die gewünschte Bissfestigkeit erreicht hat.

Tipp:

Wer es schärfer mag, kann eine Chilischote klein schneiden und mitkochen. Auch lecker: 1 EL Frischkäse in das Gemüse rühren.

Blumenkohl-Brokkoli-Schinken-Gratin

4 Portionen

Pro Portion: 543 kcal / 8,9 g KH / 31,4 g P / 40,7 g F

1 EL Öl
1 Blumenkohl
1 Brokkoli
200 g Schinken
200 ml Sahne
50 ml Gemüsebrühe
200 g Emmentaler (gerieben)

1. Backofen auf 180 °C Umluft vorheizen.
2. Auflaufform mit Öl einfetten.
3. Blumenkohl und Brokkoli waschen, in Röschen teilen und in der Auflaufform verteilen.
4. Schinken würfeln und über die Röschen streuen.
5. Sahne, Gemüsebrühe und 50 g Käse dazugeben und alles durchmischen.
6. Für ca. 15 Minuten in den Ofen schieben.
7. Alles noch mal gut durchrühren, restliche Käseraspel darauf verstreuen und in weiteren 15–20 Minuten fertigbacken.

Karotten-Kohlrabi-Suppe mit Cabanossi

4 Portionen

Pro Portion: 510 kcal / 22,2 g KH / 26,2 g P / 34,6 g F

1 Zwiebel
1 Knoblauchzehe
800 g Karotten
800 g Kohlrabi
300 g Cabanossi
2 l heißes Wasser
Salz
Oregano (getrocknet)
Petersilie (getrocknet)
Pfeffer
Muskat
2 EL Paprikapulver

1. Zwiebel und Knoblauchzehe schälen und würfeln.
2. Karotten und Kohlrabi waschen, schälen und in kleine Stücke schneiden.
3. Cabanossi in dünne Scheiben schneiden.
4. Die Cabanossistücke im eigenen Fett bei mittlerer Hitze in einem hohen Topf anbraten.
5. Die Wurststücke herausholen und für später aufbewahren.
6. Knoblauch- und Zwiebelwürfel in den Topf geben und andünsten.
7. Anschließend ¾ von den Karotten- und Kohlrabistücken hinzugeben.
8. Mit Wasser aufgießen und mit 1 TL Salz würzen.
9. Die Suppe ca. 15 Minuten köcheln lassen, bis die Gemüsestücke weich sind.
10. Oregano und Petersilie hinzugeben.
11. Die Gemüsestücke pürieren.
12. Mit Salz, Pfeffer, Muskat und Paprikapulver abschmecken.

13. Die restlichen Karotten- und Kohlrabistücke in den Topf geben und köcheln lassen, bis auch dieses Gemüse durch ist.
14. Mit den angebratenen Cabanossi servieren.

Tipp:
Man kann die Cabanossi auch ohne Anbraten verwenden und zum Schluss hinzufügen.

Cremiger Hähnchen-Champignon-Topf

2 Portionen
Pro Portion: 495 kcal / 6 g KH / 42,7 g P / 32,9 g F

1 Zwiebel
300 g Hähnchenbrust
300 g braune Champignons
1 EL Öl
50 ml Gemüsebrühe
150 ml Sahne
1 EL weißes Mandelmus (optional)
Salz
Pfeffer

1. Zwiebel abziehen und klein würfeln.
2. Hähnchenbrust waschen, trockentupfen und in Streifen schneiden.
3. Champignons säubern und in Scheiben schneiden.
4. Öl in einen Topf geben, Hähnchenbruststreifen und Zwiebelwürfel anbraten.
5. Champignons hinzufügen und weiterbraten.
6. Gemüsebrühe, Sahne und Mandelmus einrühren.
7. Mit Salz und Pfeffer würzen.
8. Ca. 15–20 Minuten bei mittlerer Hitze köcheln lassen.

Weißkohl-Würstchen-Pfanne

2 Portionen

Pro Portion: 366 kcal / 14,9 g KH / 12,4 g P / 30 g F

300 g Weißkohl
1 Karotte
1 Zwiebel
150 g Fleischwurst
1 EL Butter
200 ml Gemüsebrühe (evtl. noch etwas Brühe zum Nachgießen)
3 Stängel Petersilie

1. Weißkohl von den äußeren Blättern befreien, waschen, vierteln, den Strunk herausschneiden und in feine Streifen schneiden.
2. Karotte waschen, schälen und stifteln. Zwiebel abziehen und in dünne Streifen schneiden.
3. Fleischwurst in ca. 1 cm dicke Scheiben schneiden.
4. Butter in einem Topf erhitzen und die Fleischwurstscheiben von beiden Seiten scharf anbraten, etwas auf die Seite schieben, um Platz für das Gemüse zu machen.
5. Das klein geschnittene Gemüse hinzufügen und kurz anbraten.
6. Mit Gemüsebrühe ablöschen und die Wurstscheiben von der Seite auf das Gemüsebett legen.
7. Zugedeckt bei mittlerer Hitze 20–25 Minuten garen (je nach gewünschter Bissfestigkeit).
8. Petersilie waschen, trockenschütteln, hacken und über das Gericht streuen.

Tipp:
Geräucherte Speckwürfel mitbraten – das sorgt für eine rauchige Note.

Chickencurry mit Blumenkohlreis

2 Portionen

Pro Portion: 482 kcal / 14,3 g KH / 41,3 g P / 27,5 g F

1 rote Paprikaschote
300 g Hähnchenbrust
1 EL Kokosöl
200 ml Kokosmilch
150 ml Gemüsebrühe + evtl. noch etwas Brühe zum Nachgießen
1 EL rote Currypaste
1 TL Curry
1 TL Kurkuma
Salz
Pfeffer
1/2 Blumenkohl

1. Paprikaschote waschen, entkernen und in Würfel schneiden.
2. Hähnchenbrust waschen, trockentupfen und in Streifen schneiden.
3. Kokosöl in eine Pfanne oder einen Topf geben und das Fleisch anbraten.
4. Paprikawürfel untermengen.
5. Kokosmilch, Gemüsebrühe, Currypaste und die Gewürze hinzufügen und auf mittlerer Hitze mit Deckel ca. 20 Minuten köcheln lassen.
6. Blumenkohl waschen, in kleine Röschen teilen und mit einer Küchenmaschine bis zur Reisgröße zerkleinern.
7. Blumenkohlreis einrühren und noch ca. 10 Minuten mitköcheln lassen, bis die gewünschte Konsistenz erreicht ist.

Tipp:

Falls die Soße zu dickflüssig ist, noch etwas Gemüsebrühe nachgießen.
Für alle, die es gerne schärfer möchten: Dazu schmeckt Sambal Oelek. Nach Belieben mit frisch gehackten Kräutern wie Koriander oder Petersilie servieren.

Rahmpfifferlinge mit Hähnchengeschnetzeltem

2 Portionen

Pro Portion: 313 kcal / 3,2 g KH / 38,1 g P / 16 g F

200 g Pfifferlinge
50 g Lauch
1 Zwiebel
1 EL Öl
300 g Hähnchenbrust
½ Bund Petersilie
100 ml Gemüsebrühe + evtl. noch etwas Brühe zum Nachgießen
Salz, Pfeffer
50 g Schmand

1. Pfifferlinge säubern und die Enden abschneiden.
2. Lauch waschen, abziehen und in kleine Röllchen schneiden.
3. Zwiebel abziehen und in Würfel schneiden.
4. Hähnchenbrust waschen, trockentupfen und in feine Scheiben schneiden.
5. Petersilie waschen, trockenschütteln und hacken.
6. Öl in einer Pfanne erhitzen und die Hähnchenbruststreifen scharf anbraten.
7. Pfifferlinge dazugeben und kurz weiterrösten.
8. Mit Gemüsebrühe ablöschen, mit Salz und Pfeffer und der Hälfte der Petersilie vermischen.
9. Zugedeckt ca. 10–15 Minuten fertigkochen.
10. Herd ausstellen und den Schmand einrühren (nicht mehr kochen lassen!), evtl. noch mal mit Salz und Pfeffer abschmecken. Mit der restlichen gehackten Petersilie bestreuen.

Paprika-Puten-Topf

2 Portionen

Pro Portion: 408 kcal / 15,9 g KH / 42,5 g P / 18,1 g F

- 300 g Putengeschnetzeltes
- 1 rote Paprikaschote
- 1 gelbe Paprikaschote
- 1 Zwiebel
- 5 Stängel Petersilie
- 1 EL Öl
- 100 ml Gemüsebrühe
- Salz
- Pfeffer
- Paprikapulver (edelsüß)
- 100 g Schmand
- 2 EL geriebener Parmesan

1. Putengeschnetzeltes kurz durchspülen und abtropfen lassen.
2. Paprikaschoten waschen, entkernen und in Streifen schneiden.
3. Zwiebel abziehen und in Würfel schneiden.
4. Petersilie waschen, trockenschütteln und hacken.
5. Öl in Pfanne erhitzen, Putengeschnetzeltes und Zwiebeln anbraten.
6. Mit Gemüsebrühe ablöschen, mit Salz, Pfeffer und Paprika würzen.
7. Zugedeckt ca. 10–15 Minuten fertigkochen.
8. Herd ausstellen und den Schmand einrühren (nicht mehr kochen lassen!), den Parmesan unterheben, evtl. noch mal mit Salz und Pfeffer abschmecken.

One Pot mit Fisch

Lachs-Spargel-Pfanne

2 Portionen
Pro Portion: 309 kcal / 4,2 g KH / 50,6 g P / 9,6 g F

400 g Wildlachsfilet
1 Glas Spargel (ca. 200 g)
125 ml Spargelwasser aus dem Spargelglas
1 EL Zitrone
Salz
Pfeffer
Italienische Kräuter
All'arrabbiata-Gewürz
2 Eier
70 g Sahne (fettreduziert)

1. Backofen auf 180 °C Umluft vorheizen.
2. Wildlachs säubern und zusammen mit dem Spargel und dem Spargelwasser in eine Auflaufform geben.
3. Einen Spritzer Zitrone sowie Salz, Pfeffer, italienische Kräuter und All'arrabbiata-Gewürz hinzufügen und für 10 Minuten in den Ofen stellen.
4. Eier mit der Sahne und etwas Gewürzen verrühren und über Fisch und Spargel gießen.
5. Wenn die Ei-Sahne-Masse gestockt ist, kann das Gericht aus den Ofen genommen werden.

Würziges Fischcurry

2 Portionen

Pro Portion: 401 kcal / 18,3 g KH / 38,5 g P / 18,4 g F

2 Frühlingszwiebeln
2 Schalotten
1 Knoblauchzehe
1 Stück Ingwer (ca. 5 g)
2 rote Paprikaschoten
½-1 rote Chilischote
350 g Fischfilet
2 EL Sesamöl
2 EL Sojasoße
1 EL Fischsoße
500 ml Wasser
2 TL Guarkernmehl
½ EL brauner Zuckerersatz (z. B. brauner Xucker »Bronxe« oder Xylit)
1 EL Tomatenmark
1 EL rote Currypaste
Asia-Gewürz (z. B. 5-Gewürze-Pulver)
Salz
Pfeffer

1. Frühlingszwiebeln, Schalotten und Knoblauch abziehen.
2. Ingwer schälen.
3. Paprikaschoten und Chilischote säubern.
4. Frühlingszwiebeln, Schalotten, Paprikaschoten und Chilischote in Streifen schneiden.
5. Knoblauch und Ingwer hacken.
6. Fisch säubern, Sesamöl in einen Topf geben und den Fisch von beiden Seiten scharf anbraten.

7. Gemüse, Knoblauch, Ingwer, Soja- und Fischsoße und Wasser hinzufügen. Das Guarkernmehl unter Rühren einrieseln lassen und alles ca. 12–15 Minuten köcheln lassen.
8. Zum Schluss mit Süßungsmittel, Tomatenmark, Currypaste und den Gewürzen abschmecken.

Rosmarin-Lachs mit knackigem Gemüse und Honig-Senf-Soße

2 Portionen

Pro Portion: 474 kcal/14 g KH/28,8 g P/32,4 g F

140 g Zucchini
60 g rote Paprikaschote
60 g gelbe Paprikaschote
1 rote Zwiebel
1 EL Olivenöl
Meersalz
Pfeffer
2 Stängel Rosmarin
2 Lachsfilets (insgesamt ca. 250 g)

Für die Honig-Senf-Soße
1 EL Honig
½ EL süßer Senf
4-5 EL fettarmer Naturjoghurt
1 EL Zitronensaft
Pfeffer

1. Backofen auf 180 °C Umluft vorheizen.
2. Zucchini und Paprikaschoten waschen, in Scheiben bzw. Streifen schneiden und in einer hitzebeständigen Form verteilen.
3. Zwiebel abziehen und in kleine Würfel schneiden. In die Form geben.
4. Mit Olivenöl beträufeln sowie mit Salz und Pfeffer oder mit Gewürzen nach Wahl verfeinern.
5. Rosmarin waschen, trockenschütteln und in kleine Stücke zupfen. Lachsfilets säubern, auf das Gemüse platzieren, mit Meersalz einreiben und mit frischem Rosmarin belegen.
6. Ca. 25 Minuten im Backofen backen, bis der Fisch gar ist.

7. Für die Honig-Senf-Soße flüssigen Honig mit Senf und Naturjoghurt vermischen, mit Zitronensaft und Pfeffer abschmecken.
8. Lachs und Gemüse mit der Soße übergießen und noch warm genießen.

Garnelencurry

2 Portionen

Pro Portion: 471 kcal/18,9 g KH/31 g P/29,5 g F

2 Frühlingszwiebeln
2 Schalotten
1 Knoblauchzehe
1 Stück Ingwer (ca. 5 g)
2 rote Spitzpaprikaschoten
400 g Garnelen (gefroren, küchenfertig)
1 EL rote Currypaste
1 EL Erdnussbutter
250 ml Kokosmilch
250 ml Gemüsebrühe
2-3 EL Sojasoße
Salz
Pfeffer
Curry- und Chilipulver
1 Spritzer Zitronensaft

1. Frühlingszwiebeln, Schalotten und Knoblauch abziehen.
2. Ingwer schälen.
3. Paprikaschoten säubern.
4. Knoblauch und Ingwer hacken.
5. Frühlingszwiebeln und Schalotten in kleine Scheiben schneiden.
6. Paprikaschoten in Streifen oder Würfel schneiden.
7. Gemüse, Garnelen, Currypaste, Erdnussbutter, Kokosmilch, Gemüsebrühe und Sojasoße in einen Topf geben, zum Kochen bringen und ca. 15–20 Minuten köcheln lassen.
8. Zum Schluss mit der Sojasoße und den Gewürzen abschmecken.
9. Mit einem Spritzer Zitronensaft servieren und genießen.

Fischtopf brasilianische Art

2 Portionen

Pro Portion: 468 kcal / 15,9 g KH / 35,6 g P / 28 g F

1 Zwiebel
1 Knoblauchzehe
2 Tomaten
1 rote Paprikaschote
1 grüne Paprikaschote
½ Bund Petersilie
1 EL Öl (z. B. Sesamöl)
200 g Fischfilet (z. B. Kabeljau)
200 g Garnelen (küchenfertig)
200 ml Kokosmilch
200 ml Gemüsebrühe
Salz
Pfeffer
Paprikapulver
Koriander (getrocknet)
1-2 EL Limettensaft

1. Zwiebel und Knoblauch abziehen und in kleine Würfel schneiden.
2. Tomaten waschen und in Scheiben schneiden.
3. Paprikaschoten waschen, säubern und in Würfel oder Streifen schneiden.
4. Petersilie waschen, trockenschütteln und hacken.
5. Fisch und Garnelen säubern, Öl in einen Topf geben und Fischfilet und Garnelen von beiden Seiten anbraten.
6. Klein geschnittenes Gemüse und die Hälfte der Petersilie hinzufügen (die andere Hälfte der Petersilie zum Servieren auf die Seite legen) und kurz weiterbraten.
7. Kokosmilch und Gemüsebrühe unterrühren und ca. 12–15 Minuten köcheln lassen.
8. Zum Schluss mit Salz, Pfeffer, Koriander, Paprika und Limettensaft abschmecken.

Fischpfanne »Bouillabaisse«

2 Portionen

Pro Portion: 466 kcal / 18,8 g KH / 41,9 g P / 16,3 g F

1 Zwiebel
1 Knoblauchzehe
2 Karotten
1 Stange Staudensellerie
2 Tomaten
½ Bund Petersilie
1 EL Erdnuss- oder Sesamöl
350 g Fischfilet (Gewicht ohne Gräten)
Saft von ½ Zitrone
250 ml Weißwein (optional)
500 ml Gemüsebrühe
Etwas Safran
Salz
Pfeffer

1. Zwiebel und Knoblauch abziehen.
2. Karotten waschen und schälen.
3. Sellerie, Tomaten und Petersilie säubern.
4. Zwiebel, Karotten, Sellerie und Tomaten in kleine Würfel oder Scheiben schneiden.
5. Knoblauch und Petersilie hacken.
6. Fischfilet säubern. Öl in einen Topf geben und das Filet von beiden Seiten anbraten.
7. Das Gemüse und die Hälfte der gehackten Petersilie hinzufügen und kurz weiterbraten.
8. Mit Zitronensaft, Weißwein und Gemüsebrühe ablöschen und ca. 12–15 Minuten köcheln lassen.

9. Zum Schluss mit Safran und ggf. noch Salz und Pfeffer abschmecken und mit der restlichen gehackten Petersilie servieren.

Tipp:

Blumenkohlreis herstellen und ca. 10 Minuten mitkochen lassen oder Low-Carb-Brot dazu reichen.

Kabeljau in Tomatensoße mit Oliven und Kräutern

2 Portionen

Pro Portion: 437 kcal / 15,6 g KH / 35 g P / 31,4 g F

90 g entsteinte schwarze Oliven
1 Fenchel
4 Stängel Petersilie
1 Stängel Rosmarin
1 Stängel Thymian
3 EL Olivenöl
100 g passierte Tomaten
150 g gehackte Tomaten (Dose)
2 Kabeljaufilets (insgesamt etwa 350 g)
Salz
Pfeffer
1 EL Oregano (gerebelt)
1 Spritzer Zitrone

1. Backofen auf 180 °C Umluft vorheizen.
2. Oliven in kleine Scheiben schneiden.
3. Fenchel waschen und in dünne Streifen schneiden.
4. Petersilie, Rosmarin und Thymian waschen, trockenschütteln und fein hacken.
5. Eine Auflaufform mit 1 EL Öl fetten. Fenchelscheiben, passierte und gehackte Tomaten, Olivenscheiben, Salz und Pfeffer in die Auflaufform geben.
6. Fischfilets säubern und auf dem Gemüse verteilen, mit Salz und Pfeffer würzen.
7. Gehackte frische Kräuter und Oregano auf den Fisch streuen und mit Olivenöl beträufeln.
8. 15–20 Minuten im Ofen backen, bis der Fisch gar ist.
9. Zitronensaft über die Fischfilets träufeln und auf dem Gemüsebett servieren.

Couscous-Shrimps-Pot

2 Portionen

Pro Portion: 308 kcal / 30,8 g KH / 27,5 g P / 7,7 g F

- 200 g Shrimps (TK)
- Pfeffer
- 1 EL Olivenöl zum Anbraten
- 300 g frischer Brokkoli
- 300 g Cocktailtomaten
- 100 g frischer Blattspinat
- 180 ml Wasser
- 1 TL Gemüsebrühepulver
- 1 TL Tomatenflocken (optional)
- 60 g Couscous (Trockengewicht)
- 160 g Speisequark
- 1 TL Tomatenmark
- ½ Chilischote
- 1 Prise Salz

1. Die Shrimps vollständig auftauen lassen, kurz durchspülen und abtropfen lassen. Danach mit Pfeffer würzen und mit etwas Olivenöl in einem Topf kross anbraten. In Alufolie aufbewahren.
2. Brokkoli, Tomaten und Spinat waschen. Den Brokkoli in Röschen teilen, die Tomaten halbieren.
3. Das Wasser in einem großen Topf mit dem Gemüsebrühepulver mischen.
4. Brokkoli und Tomaten in den Topf dazugeben und mit Pfeffer sowie Tomatenflocken würzen.
5. Den Topf mit einem Deckel verschließen und bei mittlerer Hitze 5 Minuten köcheln lassen. Dabei gelegentlich umrühren.
6. Den Spinat hinzufügen, unterrühren und ca. 1 Minute mitkochen, sodass er zusammenfällt.
7. Den Couscous dazugeben und kräftig umrühren. Den Deckel wieder auf den Topf setzen und 3–5 Minuten ohne Hitze ziehen lassen.
8. Zum Schluss die Shrimps unterheben.

One Pot vegetarisch

Tomaten-Spinat-Frittata

2 Portionen
Pro Portion: 466 kcal/5,3 g KH/25 g P/37,7 g F

200 g frischer Spinat
4 Cocktailtomaten
1 EL Schnittlauch
½ Mozzarella
5 Eier
3 EL Sahne
Salz
Pfeffer
2 EL Olivenöl

1. Spinat waschen und abtropfen lassen, danach in kleine Stücke schneiden.
2. Cocktailtomaten waschen und in kleine Stücke schneiden.
3. Schnittlauch waschen, trockenschütteln und in kleine Röllchen schneiden.
4. Mozzarella in kleine Streifen schneiden.
5. Eier und Sahne verquirlen und mit Salz und Pfeffer würzen.
6. Öl in eine Pfanne geben und erhitzen.
7. Eiermischung einfüllen und etwas stocken lassen.
8. Tomaten, Spinat und Mozzarella auf der Eimasse verteilen.
9. Bei geringer Hitze in 10–15 Minuten fertig ausbacken.

Cremige Brokkoli-Sellerie-Suppe mit Feta

2 Portionen

Pro Portion: 327 kcal/8,6 g KH/19,2 g P/23,9 g F

- 2 Schalotten
- 1 Knoblauchzehe
- 300 g Brokkoli
- 1 Stange Staudensellerie
- 1 EL Kokosöl
- 500 ml Gemüsebrühe
- 100 g Feta
- 100 g griechischer Joghurt
- Salz
- Pfeffer

1. Schalotten und Knoblauch abziehen und klein hacken.
2. Brokkoli und Staudensellerie abwaschen und in kleine Stücke schneiden.
3. In einem großen Kochtopf das Kokosöl erhitzen.
4. Schalotten, Knoblauch, Brokkoli und Staudensellerie darin etwa 2 Minuten unter mehrmaligem Umrühren anbraten.
5. Die Gemüsebrühe zugießen und alles einmal aufkochen lassen. Anschließend etwa 7 Minuten auf mittlerer Stufe köcheln lassen, bis das Gemüse gar ist.
6. Den Topf von der Herdplatte nehmen und alles so lange pürieren, bis eine cremige Suppe entstanden ist. Den Feta zerbröseln und mit dem Joghurt hinzugeben, eventuell erneut einige Sekunden lang pürieren.
7. Mit Salz und Pfeffer abschmecken.

Tipp:

Mit frischer Minze und gehackten Haselnüssen servieren.

Blumenkohlcremesuppe

2 Portionen

Pro Portion: 275 kcal / 16,7 g KH / 16,8 g P / 14,3 g F

500 g Blumenkohl
1 Zwiebel
1 Knoblauchzehe
200 ml Gemüsebrühe
250 ml Milch (3,5 %)
5 Stängel Petersilie
1 kleine Karotte
Salz
Pfeffer
1 EL Sesamöl (oder anderes)
2-3 EL geriebenen Parmesan

1. Blumenkohl waschen und in kleine Röschen teilen oder klein schneiden.
2. Zwiebel und Knoblauch abziehen und vierteln.
3. Blumenkohl, Zwiebel, Knoblauch, Gemüsebrühe und Milch in einem Topf vermengen und ca. 10–15 Minuten köcheln lassen.
4. Währenddessen die Petersilie waschen und hacken.
5. Karotte waschen und mit einem Sparschäler feine Raspel abschälen.
6. Sobald der Blumenkohl weich ist, die Suppenzutaten mit einem Pürierstab pürieren.
7. Anschließend mit Salz, Pfeffer und Sesamöl abschmecken.
8. Mit den Möhrenstreifen, Parmesan und Petersilie garnieren und genießen.

Blumenkohl-Rosenkohl-Eintopf

2 Portionen

Pro Portion: 329 kcal / 22 g KH / 15,7 g P / 18,6 g F

1 Zwiebel
200 g Karotten
1 kleiner Kohlrabi (ca. 200 g)
300 g Rosenkohl
300 g Blumenkohl
4 EL Butter
1,5 Liter Gemüsebrühe
Salz
Pfeffer

1. Zwiebel abziehen und in kleine Würfel schneiden.
2. Karotten und Kohlrabi waschen, schälen und in kleine Würfel schneiden.
3. Rosenkohl waschen und halbieren, Blumenkohl säubern und in Röschen teilen.
4. Butter in einem Topf erhitzen und das Gemüse unter Rühren ca. 5 Minuten andünsten.
5. Mit Gemüsebrühe aufgießen, mit Salz und Pfeffer würzen und zugedeckt 25–30 Minuten auf kleiner Flamme köcheln lassen.

Tipp:

Mit frisch gehackter Petersilie servieren.

Orientalische Kohlrabi-Spinat-Suppe

2 Portionen

Pro Portion: 185 kcal / 13,6 g KH
5,9 g P / 11 g F

- 300 g Kohlrabi
- 1 mittelgroße Zwiebel
- 1–2 EL Öl
- 120 g frischer Blattspinat
- 50 g Sahne (fettreduziert)
- 1 TL Gemüsebrühepulver
- 30 g Kokosmilch
- 70 ml Orangensaft
- 150 ml Wasser
- Salz
- Pfeffer

1. Kohlrabi waschen, schälen und in kleine Würfel schneiden.
2. Zwiebel schälen und ebenfalls klein würfeln.
3. Öl in einen Topf geben. Kohlrabi- und Zwiebelwürfel hinzufügen und ca. 5 Minuten anschwitzen.
4. Spinat waschen und abtropfen lassen.
5. Sahne mit Gemüsebrühepulver, Kokosmilch, Orangensaft und Wasser in den Topf geben und alles gut verrühren.
6. Spinat hinzufügen und 10–12 Minuten bei mittlerer Hitze köcheln lassen.
7. Die Suppe pürieren und mit Salz und Pfeffer abschmecken.

Tipp:

Mit einem Schuss Sahne oder Crème fraîche und gehackter Petersilie garnieren.

Zucchini-Auberginen-Lasagne

2 Portionen

Pro Portion: 264 kcal / 14,3 g KH / 26,4 g P / 9,6 g F

½ Aubergine
½ mittelgroße Zucchini
Salz
250 g passierte Tomaten
Pfeffer
200 g körniger Frischkäse (fettarm)
1 rote Zwiebel
1 Prise Oregano (getrocknet)
1 Prise Basilikum (getrocknet)
3 Stängel frisches Basilikum
100 g Mozzarella light (gerieben)

1. Aubergine und Zucchini waschen, der Länge nach in Scheiben schneiden und beidseitig mit Salz bestreuen. So kann die Flüssigkeit etwas entweichen und die Lasagne wird nicht zu wässrig. Für ca. 20 Minuten ruhen lassen und danach das heraustretende Wasser abtupfen.
2. Backofen auf 180 °C Umluft vorheizen.
3. In einer hitzebeständigen Form zuerst die Auberginenscheiben schichten, gefolgt von 125 g passierten Tomaten. Mit Salz und Pfeffer würzen.
4. 100 g Frischkäse gleichmäßig auf der Tomatensoße verteilen.
5. Zwiebel schälen, in Würfel schneiden und gleichmäßig auf den Frischkäse streuen.
6. Mit den Zucchinischeiben belegen, gefolgt von den restlichen passierten Tomaten und dem körnigen Frischkäse.
7. Erneut mit Salz und Pfeffer sowie getrocknetem Oregano und Basilikum würzen.
8. Frisches Basilikum waschen, trockenschütteln und hacken.

9. Als Topping Mozzarella und frisch gehacktes Basilikum auf der Lasagne verteilen.
10. Ca. 30 Minuten im Backofen backen, bis der Mozzarella leicht braun wird.

Kichererbsencurry

2 Portionen

Pro Portion: 482 kcal/25,6 g KH/2,9 g P/32,6 g F

200 g Karotten
1 Knoblauchzehe
1 Dose Kichererbsen (280 g, durchgespült und abgetropft)
1 Frühlingszwiebel
250 g gefrorener Spinat
200 ml Sahne
50 ml Wasser
2 TL Currypulver
1/2 TL Salz

1. Karotten waschen, schälen und klein würfeln, Knoblauch pressen.
2. Zusammen mit den anderen Zutaten in einen Topf geben und zum Kochen bringen.
3. Bei mittlerer Temperatur ca. 10–15 Minuten köcheln lassen.

Wirsing-Senf-Eintopf

2 Portionen

Pro Portion: 497 kcal / 18,3 g KH / 27,5 g P / 33,2 g F

400–500 g Wirsing (1 kleiner Wirsing)
1 kleine Zwiebel
1 Knoblauchzehe
70 g Sojagranulat, fein (TVP)
200 ml Sahne
800 ml Wasser
1 EL Gemüsebrühe
2 EL Senf
1 EL Petersilie (TK)
Salz
Pfeffer

1. Den Wirsing von den äußeren Blättern befreien, anschließend vierteln und den Strunk entfernen. Die Viertel in Scheiben schneiden und waschen.
2. Die Zwiebel fein würfeln, Knoblauch pressen.
3. Nun alle Zutaten in einen Topf geben und aufkochen. Auf mittlere Stufe herunterstellen und 15–20 Minuten ohne Deckel köcheln lassen.
4. Zum Schluss mit Salz und Pfeffer abschmecken.

Gemüseeintopf aus dem Ofen mit Parmesan

2 Portionen

Pro Portion: 560 kcal / 17,6 g KH / 22,8 g P / 41,7 g F

400 g Strauchtomaten
1 gelbe Paprikaschote
1 Aubergine
1 Zucchini
½ Zwiebel
1 Knoblauchzehe (optional)
100 ml Gemüsebrühe
Salz
Pfeffer
1 TL getrockneter Oregano
4 EL Olivenöl
90 g geriebener Parmesan
½ Bund Petersilie

1. Backofen auf 200 °C Umluft vorheizen.
2. Gemüse waschen und trockentupfen.
3. Tomaten und Paprika in grobe Stücke schneiden.
4. Aubergine und Zucchini erst vierteln und dann in 1,5 cm breite Stücke schneiden.
5. Zwiebel in grobe Stücke schneiden und Knoblauch pressen.
6. Gemüse und Knoblauch zusammen mit der Gemüsebrühe in eine ofenfeste Auflaufform mit Deckel füllen.
7. Mit Salz, Pfeffer und Oregano würzen und das Öl darüberträufeln. Die Masse gut durchmischen und mit geschlossenem Deckel 35 Minuten im Ofen durchgaren.
8. Zum Schluss den geriebenen Parmesan untermischen und weitere 5–10 Minuten im Ofen lassen.
9. Petersilie waschen, trockenschütteln und hacken. Das Gericht mit gehackter Petersilie servieren.

Shakshuka

2 Portionen

Pro Portion: 310 kcal/24,2 g KH/17,5 g P/13,6 g F

3 frische Tomaten
1 kleine Zucchini
1 Zwiebel
1 rote Paprikaschote
1 gelbe Paprikaschote
1 EL Olivenöl
1 Dose Tomaten (ca. 400 g)
100 ml Gemüsebrühe
1 TL Paprikapulver
1/2 TL Kreuzkümmel
Salz
Pfeffer
Evtl. etwas Chili
3 Eier
5 Stiele Petersilie

1. Gemüse waschen, trockentupfen und in kleine Würfel schneiden.
2. Olivenöl in einer Pfanne erhitzen und die Gemüsewürfel kurz anbraten.
3. Dosentomaten und Gemüsebrühe hinzufügen und mit den Gewürzen abschmecken.
4. Ca. 15 Minuten zugedeckt köcheln lassen.
5. 3 Mulden in die Tomaten-Gemüse-Masse drücken und die Eier in die Mulden aufschlagen.
6. Den Deckel wieder aufsetzen und noch ca. 5 Minuten köcheln lassen, bis das Eiweiß stockt, das Eigelb sollte noch flüssig sein (pochiert).
7. Petersilie waschen, trockenschütteln und hacken. Mit der Petersilie servieren.

Kohlrabi-Karotten-Sahne-Gemüse

2 Portionen

Pro Portion: 420 kcal / 23,4 g KH / 9,4 g P / 31,7 g F

350 g Karotten
400 g Kohlrabi
250 ml Gemüsebrühe
250 ml Sahne
40 g Senf
Salz und Pfeffer

1. Karotten sowie Kohlrabi waschen, schälen und in Streifen schneiden.
2. Gemüsestreifen mit den restlichen Zutaten in einen Kochtopf bzw. eine tiefe Pfanne geben, umrühren und auf mittlerer Stufe mit geschlossenem Deckel köcheln lassen.
3. Nach 20–25 Minuten ist das Gemüse bissfest.

Zucchini-Feta-Auflauf

2 Portionen

Pro Portion: 272 kcal / 13,3 g KH / 25 g P / 11,8 g F

155 g Zucchini
115 g Kirschtomaten
180 g Feta light
400 g passierte Tomaten
55 g Sojacreme (fettreduziert) oder Sahne (fettreduziert)
Salz
Pfeffer
Oregano (getrocknet)
Basilikum (getrocknet)
20 g geriebener Mozzarella light
3 Stiele Basilikum

1. Backofen auf 200 °C Umluft vorheizen.
2. Zucchini waschen und in Würfel schneiden.
3. Kirschtomaten waschen und halbieren.
4. Feta würfeln.
5. Alles zusammen mit den passierten Tomaten und der Sojacreme oder Sahne in einer hitzebeständigen Form gut vermischen.
6. Mit Salz, Pfeffer und den Gewürzen abschmecken.
7. Mozzarella darüber verteilen.
8. Ca. 30–35 Minuten im Backofen backen, bis die obere Tomatenschicht fester wird.
9. Basilikum waschen und trockenschütteln. Blätter abzupfen und das fertige Gericht damit servieren.

Überbackener Spaghettikürbis

2 Portionen

Pro Portion: 563 kcal / 39 g KH / 19,9 g P / 35,3 g F

- 1 Spaghettikürbis (ca. 600-700 g)
- 3 EL Olivenöl
- 15 Kirschtomaten
- 1 Knoblauchzehe
- 150 g Feta
- Salz
- Pfeffer
- Chiliflocken

1. Den Backofen auf 180 °C Umluft vorheizen.
2. Spaghettikürbis in der Mitte durchschneiden und die Kerne entfernen.
3. Die Hälften jeweils mit einem TL Öl einpinseln und mit der Innenseite nach oben etwa 45–60 Minuten in einer Auflaufform im Ofen (die Zeit variiert je nach Größe des Kürbisses) garen. Sobald die Schale unter Fingerdruck nachgibt, ist das Kürbisfleisch gar.
4. Tomaten waschen und in kleine Würfel schneiden.
5. Knoblauchzehe abziehen und klein schneiden.
6. Fruchtfleisch vorsichtig mit einer Gabel herausnehmen. Dabei bilden sich Fäden, die aussehen wie Spaghetti.
7. Diese Fäden mit dem restlichen Olivenöl, den zerkleinerten Tomaten, einem Drittel des Käses (zerbröseln) sowie dem Knoblauch und den Gewürzen vermischen und wieder in die leeren Kürbisschiffchen füllen.
8. Den restlichen Käse zerbröseln, darüberstreuen und nochmals für 5–10 Minuten in den Ofen schieben, bis der Käse geschmolzen ist.

Blumenkohlcurry mit roten Linsen

2 Portionen

Pro Portion: 507 kcal / 31,5 g KH / 19,4 g P / 32,6 g F

1 EL Kokosöl
1 rote Zwiebel
2 EL frisch geriebener Ingwer
400 g Blumenkohlröschen
3 TL Currypulver
1 TL Kreuzkümmel (gemahlen)
70 g rote Linsen
200 g Kokosmilch
100 g stückige Tomaten aus der Dose
ca. 100 ml Wasser
Salz
Pfeffer
50 g Joghurt
1/2 TL Kreuzkümmel (gemahlen)
1/4 Bund frischer Koriander

1. Kokosöl in einem Kochtopf erhitzen.
2. Zwiebel schälen und hacken.
3. Zwiebelwürfel, geriebenen Ingwer und Blumenkohl in den Kochtopf geben und einige Minuten bei mittlerer Hitze und unter häufigem Rühren anbraten.
4. Currypulver, Kreuzkümmel, rote Linsen, Kokosmilch, Tomaten und Wasser hinzufügen, umrühren und etwa 15 Minuten lang köcheln lassen.
5. Sollte das Curry zu sämig werden, nach und nach etwas mehr Wasser hinzugeben.
6. Wenn der Blumenkohl gar ist und die roten Linsen zerfallen sind, das Curry mit Salz und Pfeffer abschmecken.
7. Joghurt mit Kreuzkümmel abschmecken und auf das Curry geben.
8. Koriander waschen, trockenschütteln und hacken. Das Gericht mit dem frischen Koriander servieren.

Pfannenpizza Tomate-Mozzarella

2 Portionen

Pro Portion: 590 kcal / 17,2 g KH / 48,9 g P / 31,4 g F

Für den Pizzaboden

120 g Mandelmehl + etwas Mandelmehl für die Arbeitsfläche
10 g Kokosmehl
1/2 TL Backpulver
1 Prise Salz
30 ml Olivenöl
30 ml fettarme Milch

Für den Belag

4 EL Tomatenmark
4 EL gehackte Tomaten
Pizzagewürz oder alternativ dazu Knoblauchflocken, Oregano, Zwiebelflocken, Majoran, Basilikum
Salz
Pfeffer
1 Handvoll Cocktailtomaten
125 g Mozzarella light
1 Handvoll Rucola
2 Stängel frisches Basilikum
1 EL geriebener Parmesan

1. Mandelmehl mit Kokosmehl, Backpulver und einer Prise Salz vermischen.
2. Olivenöl und Milch hinzufügen und mit einem Knethaken oder mit der Hand alles gut durchkneten.
3. Den Teig auf einer mit Mandelmehl bemehlten Arbeitsfläche rund ausrollen (Form der Pfanne).
4. In einer Pfanne etwas Olivenöl erhitzen und die Pizza darin bei mittlerer Hitze herausbacken. Wichtig dabei ist, dass die Pfanne mit einem Deckel zugedeckt ist!

5. Sobald eine Seite goldbraun ist (nach ca. 3 Minuten), wenden und mit dem Tomatenmark bestreichen.
6. Gehackte Tomaten darauf verteilen und mit den Gewürzen bestreuen.
7. Cocktailtomaten waschen und halbieren und Mozzarella in Scheiben schneiden. Alles auf der Pizza verteilen.
8. Nochmals zugedeckt bei geringer Hitze ca. 3–5 Minuten backen.
9. Währenddessen Rucola und Basilikum waschen und trockenschütteln, evtl. kleiner zupfen.
10. Die fertige Pfannenpizza mit frischem Rucola, Basilikum und Parmesan servieren.

Minestrone mit weißen Bohnen

2 Portionen

Pro Portion: 302 kcal / 32,9 g KH / 17 g P / 10,6 g F

- 1 Zwiebel
- 2 Knoblauchzehen
- 2 Stangen Staudensellerie
- 2 Karotten
- 200 g Grünkohl oder Wirsing
- 2 Zweige Salbei
- 1 EL Olivenöl
- 1 Dose stückige Tomaten
- 1 l Gemüsebrühe
- 250 g gekochte weiße Riesenbohnen (Dose)
- Salz
- Pfeffer
- ½ Bund Petersilie
- 1 EL geriebener Parmesan

1. Zwiebel und Knoblauch abziehen und fein hacken.
2. Staudensellerie waschen und in Scheiben schneiden.
3. Karotten waschen, der Länge nach halbieren und dann in Stücke schneiden.
4. Grünkohl oder Wirsing waschen und in kleine Stücke schneiden.
5. Salbei waschen, trockenschütteln und klein hacken.
6. Olivenöl in einem großen Kochtopf erhitzen.
7. Zwiebel- und Knoblauchwürfel, Staudensellerie und Karotten hinzugeben und alles unter häufigem Rühren bei mittlerer Hitze etwa 5 Minuten lang anbraten.
8. Tomaten, Gemüsebrühe, Riesenbohnen, Grünkohl und Salbei ebenfalls in den Kochtopf geben und alles etwa 15 Minuten lang auf mittlerer Hitze köcheln lassen, bis das Gemüse gar ist.
9. Petersilie waschen, trockenschütteln und hacken.
10. Die fertige Minestrone mit Salz und Pfeffer abschmecken, auf Schüsseln verteilen und mit geriebenem Parmesan und Petersilie bestreut servieren.

One Pot vegan

Karotten-Curry-Kokossuppe

2 Portionen

Pro Portion: 226 kcal/23,2 g KH/5,5 g P/12,9 g F

600 g Karotten
700 ml Gemüsebrühe
400 ml Kokosmilch (fettreduziert)
1 EL Currypulver
1 Prise Salz
1 Prise Pfeffer

1. Karotten waschen, schälen und in kleine Scheiben schneiden.
2. Karottenscheiben zusammen mit Gemüsebrühe, Kokosmilch und Currypulver in einen Topf geben und ca. 20–25 Minuten köcheln lassen.
3. Sobald die Karotten weich sind, alles pürieren und mit Salz und Pfeffer abschmecken.

Auberginen-Caponata

2 Portionen

Pro Portion: 304 kcal/17,6 g KH/8,7 g P/18,9 g F

2 Auberginen
2 Zwiebeln
1 Stange Stangensellerie
15 g blanchierte Mandeln
2 EL Olivenöl
1 Knoblauchzehe
400 g gewürfelte Tomaten (z. B. aus der Dose, in eigenem Saft)
4 EL Rotweinessig
1 EL Erythrit
Salz, Pfeffer, Paprikapulver

1. Auberginen waschen, Enden abschneiden und in Würfel schneiden.
2. Zwiebeln schälen und würfeln.
3. Stangensellerie waschen, Enden abschneiden und in feine Scheiben schneiden.
4. Die Mandelkerne halbieren oder klein hacken.
5. Topf oder Pfanne erhitzen und die Mandeln kurz ohne Öl anrösten.
6. Olivenöl eingießen und Zwiebeln und Stangensellerie kurz anbraten.
7. Die Auberginenwürfel hinzufügen, weiter anbraten.
8. Knoblauchzehe zum Gemüse pressen.
9. Tomaten und Rotweinessig einfüllen. Erythrit unterrühren.
10. Mit Salz, Pfeffer und Paprikapulver würzen und abschmecken.
11. Möglichst mit Deckel abdecken, einen Spalt offen lassen. Bei mittlerer Hitze 15–20 Minuten köcheln lassen.

Tipp:

Mit frischer gehackter Petersilie servieren!

Hinweis:

Oft werden Auberginen vor der Zubereitung eingesalzen. Das entzieht der Aubergine Bitterstoffe und Wasser. Mittlerweile sind die Bitterstoffe weitestgehend aus den Auberginensorten herausgezüchtet und ein Salzen ist nicht unbedingt notwendig. Wenn man die Aubergine anbraten möchte, ist es von Vorteil, die Scheiben zu salzen und das Wasser auszudrücken. Für unseren One Pot und z. B. auch Ratatouille verwenden wir die Auberginen ungesalzen.

Kichererbsen-Blumenkohl-Pot

2 Portionen

Pro Portion: 596 kcal/25,1 g KH/15,7 g P/44,3 g F

1 mittelgroßer Blumenkohl
1 rote Zwiebel
1 EL Olivenöl
200 g gekochte Kichererbsen (z. B. aus der Dose, durchgespült und abgetropft)
5 Stängel Petersilie
1 Dose Kokosmilch
1 EL gelbe Currypaste
1 Prise Chili
1 Prise Kurkumapulver
Salz
Pfeffer

1. Blumenkohl waschen und in Röschen teilen.
2. Zwiebel schälen und in kleine Würfel schneiden.
3. Olivenöl in Topf oder Pfanne geben und erhitzen.
4. Blumenkohlröschen, Zwiebelwürfel und Kichererbsen kurz anrösten.
5. Währenddessen Petersilie waschen, trockenschütteln und hacken.
6. Kokosmilch, Currypaste, Chili, Kurkumapulver, gehackte Petersilie sowie Salz und Pfeffer hinzufügen und bei geringer bis mittlerer Hitze ca. 15 Minuten köcheln lassen.

Thai-Zoodles

2 Portionen

Pro Portion: 356 kcal/21,6 g KH/14,6 g P/23,4 g F

- 2 Zucchini (je ca. 250 g)
- 150 g Karotten
- 300 g Champignons
- 2 Frühlingszwiebeln
- 1 Knoblauchzehe
- 1 kleine Chilischote
- 1 TL Tahini
- 1 EL Sojasoße
- 220 ml Kokosmilch
- 1 TL Currypulver
- 120 g Mungosprossenkeimlinge

1. Zucchini und Karotten waschen und mit einem Spiralschneider oder einem Sparschäler in dünne Streifen schneiden.
2. Die Champignons putzen, die Frühlingszwiebeln waschen und beides in dünne Scheiben schneiden.
3. Knoblauch pressen.
4. Chilischote ebenfalls in feine Ringe schneiden.
5. Alle Zutaten bis auf die Keimlinge und die Zucchini in einen Topf geben und zum Kochen bringen.
6. 5 Minuten köcheln lassen, dann Zucchini und Keimlinge dazugeben, nochmals 1 Minute fertigkochen.

Ratatouillepfanne

2 Portionen

Pro Portion: 364 kcal/24,4 g KH/8,8 g P/22,2 g F

1 Aubergine
1 Zucchini
1 gelbe Paprikaschote
1 rote Paprikaschote
1 Knoblauchzehe
1 Dose gehackte Tomaten (400 g)
2 Stiele Oregano
1 Stiel Thymian
1 Zweig Rosmarin
3 EL Olivenöl
2 EL Tomatenmark
150 ml Gemüsebrühe
Salz
Pfeffer

1. Gemüse waschen, trockentupfen und in kleine Stücke schneiden.
2. In einen Topf oder eine Pfanne füllen und Knoblauchzehe dazupressen.
3. Restliche Zutaten hinzufügen und mit einem Deckel abgedeckt bei mittlerer Hitze 15–20 Minuten köcheln lassen, bis das Gemüse gar ist.
4. Zum Schluss noch mal mit Salz und Pfeffer abschmecken.

Asiatische Gemüsepfanne mit Tofu und Mandelmussoße

2 Portionen

Pro Portion: 425 kcal / 17,6 g KH / 28,5 g P / 24,5 g F

- 150 g Zuckerschoten
- 1 kleine Zwiebel
- 2 Frühlingszwiebeln
- 1 kleines Stück Ingwer (ca. 2 cm)
- 2 rote Chilischoten
- 200 g Tofu
- 2 TL Sesamöl
- 200 g Brokkoliröschen
- 1 EL Sojasoße
- 2 EL Mandelmus
- 75 ml warmes Wasser
- 50 g Sojasprossen
- Salz

1. Zuckerschoten waschen.
2. Zwiebel und Frühlingszwiebeln abziehen und hacken.
3. Ingwer schälen und klein raspeln.
4. Chilischoten waschen, entkernen und hacken.
5. Tofu in grobe Würfel schneiden.
6. Das Sesamöl in einer Pfanne erhitzen.
7. Brokkoli, Zuckerschoten, Zwiebel, Ingwer, Chilischoten und Tofu hinzugeben und alles etwa 5–10 Minuten lang anbraten, dabei mehrmals umrühren.
8. Sojasoße dazugeben.
9. Mandelmus, Wasser sowie die Sojasprossen hinzufügen, gut durchrühren und ca. 5–10 Minuten bis zur gewünschten Bissfestigkeit köcheln lassen.
10. Mit Salz abschmecken, auf Tellern anrichten und mit den Frühlingszwiebeln bestreut servieren.

Gebackene Auberginenschnitzel

2 Portionen

Pro Portion: 258 kcal / 17,4 g KH / 7,9 g P / 15,2 g F

- 2 Auberginen (ca. 600 g)
- 2 EL Olivenöl
- 4 Tomaten
- 1 Zucchini (ca. 200 g)
- 1 Zwiebel
- 1 Knoblauchzehe
- Salz
- Pfeffer
- 1/2 Bund Petersilie

1. Backofen auf 160 °C Umluft vorheizen.
2. Auberginen waschen, Strunk abschneiden und der Länge nach in mehrere Scheiben schneiden (ca. 1 cm dick).
3. Einen Bräter oder eine Grillpfanne (mit abnehmbarem oder ofenfestem Griff) mit 1 EL Öl einfetten.
4. Die Auberginenscheiben auf dem Boden nebeneinander einschichten.
5. Tomaten und Zucchini waschen, Strunk wegschneiden, würfeln und auf den Auberginenscheiben verteilen.
6. Zwiebel und Knoblauch abziehen und in kleine Würfel schneiden. Auch auf den Auberginenschnitzeln verteilen.
7. Mit Salz und Pfeffer würzen und mit dem restlichen Olivenöl beträufeln.
8. Ca. 15–20 Minuten im Ofen backen.
9. Petersilie waschen, trockenschütteln und hacken und das Gericht zum Servieren damit bestreuen.

One Pot Süßes

Apple Crumble

2 Portionen

Pro Portion: 336 kcal / 22,8 g KH / 17,5 g P / 17,1 g F

2 Äpfel
$^1/_2$ TL Zimt
75 g Mandelmehl
40 g Erythrit oder brauner Xucker »Bronxe«
(brauner Zuckerersatz der Firma Xucker)
30 g Butter
und etwas Butter für das Fetten der Form

1. Backofen auf 180 °C Umluft vorheizen.
2. Äpfel schälen, in kleine Würfel schneiden und in eine leicht eingefettete Auflaufform geben.
3. Zimt darüberstreuen.
4. Mandelmehl, Erythrit und Butter mit den Händen oder mit Knethaken zu Streuseln verkneten. Die Streusel gleichmäßig über die Äpfel verteilen.
5. Anschließend ca. 25 Minuten backen, bis die Streusel goldbraun sind. Die Auflaufform sollte die ersten 20 Minuten am besten bedeckt werden, da die Streusel sehr schnell zu dunkel werden. Dies geht einfach mit einer umgedrehten Springform oder etwas Alufolie.
6. Den Apple Crumble noch warm servieren.

Erdbeerkuchen aus der Pfanne

2 Portionen

Pro Portion: 406 kcal / 9,3 g KH / 23,6 g P / 25,6 g F

- 140 g Erdbeeren
- 20 g Leinmehl
- 40 g Kokosmehl
- 20 g Lupinenmehl (kann auch durch 20 g Mandel- oder Kokosmehl ersetzt werden)
- 20 g Mandelmehl
- 1 EL Xylit
- 2 Eier
- 450 ml Wasser
- 30 g Kokosöl (geschmolzen)
- Pfanne (Ø 24 cm)

1. Erdbeeren waschen und abtropfen lassen.
2. Alle trockenen Zutaten vermischen.
3. Eier schaumig schlagen, mit dem Wasser und dem flüssigen Kokosöl zu den Mehlen geben und verrühren.
4. 70 g Erdbeeren in kleine Würfel schneiden und unter den Teig heben.
5. Pfanne mit Backpapier auslegen und Teig einfüllen.
6. Restliche Erdbeeren in Scheiben schneiden und auf den Kuchen legen.
7. Deckel auf die Pfanne setzen und den Erdbeerkuchen bei mittlerer Hitze ca. 25–30 Minuten auf der Herdplatte fertig»backen«.

One Pot Cheesecake

4 Portionen

Pro Portion: 369 kcal / 10,1 g KH / 19,9 g P / 47,3 g F

Für den Teig

400 g Quark
50 g Xylit
3 Eier
90 g Butter + etwas Butter zum Einfetten der Pfanne
20 g Mandelmehl
1 Prise Salz
Saft einer halben Limette

Für das Topping

1 1/2 Kiwis
150 g Erdbeeren

Pfanne (Ø 25 cm)

1. Quark, Xylit, Eier, Butter, Mandelmehl, Salz und Limettensaft zu einem homogenen Teig verrühren.
2. Pfanne mit ein wenig Butter bestreichen und auf den Boden Backpapier legen.
3. Den Teig einfüllen und auf niedriger Stufe mit geschlossenem Deckel etwa 50–60 Minuten auf der Herdplatte fertig»backen«.
4. Früchte in Scheiben schneiden und den Pfannenkuchen damit garnieren.

Ricotta-Blaubeer-Kuchen

4 Portionen

Pro Portion: 473 kcal / 12,3 g KH / 22,2 g P / 28,6 g F

4 Eier
120 g Xylit
500 g Ricotta
175 g Quark
1 1/2 gestr. TL Guarkernmehl
Abrieb einer Biozitrone
2 EL Zitronensaft
1 Prise Salz
1/2 TL Vanillepulver
2 EL Olivenöl + etwas Olivenöl zum Einfetten der Pfanne
150 g Blaubeeren

Pfanne (Ø ca. 28 cm) mit passendem Deckel

1. Eier mit Xylit in einer Schüssel leicht schaumig schlagen und mit allen anderen Zutaten – bis auf die Blaubeeren – vermengen.
2. Die Pfanne mit etwas Olivenöl einfetten, auf die Herdplatte stellen und bei mittlerer Temperatur leicht erhitzen.
3. Nun den Kuchenteig in die Pfanne geben, wenn nötig glatt streichen und mit den Blaubeeren bestreuen.
4. Einen passenden Deckel auf die Pfanne setzen, die Hitzezufuhr nach 5 Minuten reduzieren und den Kuchen etwa 50 Minuten lang bei niedriger Temperatur in der Pfanne »backen«. (Hinweis: Bei anderer Pfannengröße kann die Backzeit entsprechend länger oder kürzer sein.) Während der Backzeit möglichst den Deckel auf der Pfanne lassen, damit die Hitze nicht entweichen kann. Der Teig sollte während des Backvorgangs leicht blubbern. Der Kuchen ist fertig, wenn der Teig eine goldene Farbe angenommen hat und die Blaubeeren leicht aufgeplatzt sind.

One Pot Brot, Brötchen, Croûtons

Im Folgenden finden Sie Rezepte für Brot und Brötchen.

Auch auf Brot und Croûtons als Beilage müssen Sie nicht verzichten! Selbst gemachtes Low-Carb-Brot kann gebacken und dann scheibenweise eingefroren werden. Einfach kurz auftoasten – fertig!

Auch Brötchen lassen sich sehr gut portionsweise einfrieren und auftauen.

Für die Herstellung von Low-Carb-Croûtons gibt es folgende Möglichkeiten:

Würfeln Sie Low-Carb-Brotscheiben und rösten Sie diese mit 1 EL Butter (Tipp: Kräuterbutter) in einem Topf oder einer Pfanne goldbraun.

Sie können die Croûtons auch ohne Fett weiterverarbeiten und nur trocknen. Dazu die Low-Carb-Brotwürfel auf ein mit Backpapier ausgelegtes Backblech legen und bei 130 °C Umluft ca. 15–20 Minuten trocknen. Dabei mehrmals wenden.

Sonnenblumenbrot

20 Scheiben

Pro Scheibe: 110 kcal/2,9 g KH/9,2 g P/5,3 g F

- 4 Eier
- 250 g Quark
- 200 g körniger Frischkäse
- 100 g Sonnenblumenmehl
- 100 g Leinmehl
- 30 g Kokosmehl
- 50 g Kartoffelfasern
- 30 g Flohsamenschalen (gemahlen)
- 1 TL Salz
- 1 Päckchen Backpulver
- 3 EL Olivenöl
- Bei Bedarf 100 ml Wasser
- 25 g Sonnenblumenkerne

1. Backofen auf ca. 180 °C Umluft vorheizen.
2. Eier und Quark mit dem körnigen Frischkäse vermischen.
3. Die trockenen Zutaten – bis auf die Sonnenblumenkerne – miteinander vermengen und zur Ei-Quark-Masse geben.
4. Das Olivenöl zum Teig geben und gut verkneten. Falls nötig noch etwas Wasser hinzugeben.
5. Die Sonnenblumenkerne unterheben.
6. Eine Kastenform einfetten und den Teig einfüllen oder den Teig auf ein mit Backpapier ausgelegtes Backblech setzen und zu einem Laib formen.
7. Den Teigling etwa 2 cm tief auf der Oberseite einschneiden.
8. Im vorgeheizten Backofen ca. 1 ½ Stunden backen (Stäbchenprobe!).
9. Nach dem Backen abkühlen lassen.

Walnussbrot

15 Scheiben

Pro Scheibe: 124 kcal/2,8 g KH/8,9 g P/7 g F

4 Eier
250 g Quark
100 g Walnussmehl
100 g Leinmehl
30 g Kokosmehl
50 g Flohsamenschalen (gemahlen) + 1 EL zum Einreiben
1 TL Salz
1 Päckchen Backpulver
3 EL Olivenöl
100 ml Wasser

1. Backofen auf ca. 180 °C Umluft vorheizen.
2. Eier und Quark vermengen.
3. Die trockenen Zutaten vermischen und zur Ei-Quark-Masse geben.
4. Olivenöl zum Teig geben und gut verkneten.
5. Wasser hinzufügen, falls nötig noch etwas mehr nachgießen.
6. Den Teig zu einem langen Baguette formen.
7. Mit etwas gemahlenen Flohsamenschalen einreiben.
8. Den Teigling etwa 2 cm tief auf der Oberseite einschneiden.
9. Im vorgeheizten Backofen ca. 1 ½ Stunden backen (Stäbchenprobe!).
10. Nach dem Backen abkühlen lassen.

Körnerbrot

12 Scheiben

Pro Scheibe: 133 kcal / 3,6 g KH / 9 g P / 7,3 g F

50 g geschrotete Goldleinsamen
50 g gemahlene Mandeln
40 g Sonnenblumenkerne
1 EL Kokosmehl
1 TL Kräutersalz
1/2 TL gemahlener Pfeffer
8 g Backpulver
150 g Quark
4 Eier
65 g klein geschnittene getrocknete Tomaten
30 g Kürbiskerne

Kleine Kastenform (18 cm)

1. Backofen auf 150 °C Ober-/Unterhitze vorheizen.
2. Goldleinsamen, Mandeln, Sonnenblumenkerne, Kokosmehl, Gewürze und Backpulver miteinander vermischen.
3. Alle restlichen Zutaten bis auf die Kürbiskerne hinzufügen und gut durchrühren.
4. Die Masse in eine mit Backpapier ausgelegte Kastenform geben und die Kürbiskerne aufstreuen und etwas andrücken.
5. 40–45 Minuten im Ofen backen (Stäbchenprobe!).

Körnerbrötchen

6 Stück

Pro Stück: 188 kcal/4 g KH/17,5 g P/8,9 g F

4 Eier
170 g Hüttenkäse
1 ½ EL Apfelessig
75 g Mandelmehl
40 Leinsamenmehl
15 g Kokosmehl
30 g Chia-Samen
30 g Flohsamenschalenpulver
1 ½ TL Backpulver
1 Prise Salz
Zum Bestreuen: verschiedene Kerne und Samen, z. B. Sonnenblumenkerne, Kürbiskerne, Sesam, Chia-Samen

1. Den Backofen auf 175 °C Umluft vorheizen.
2. Eier mit Hüttenkäse sowie Apfelessig in eine Schüssel geben und mit einem Schneebesen vermengen.
3. Alle übrigen Zutaten in einer großen Schüssel gründlich miteinander vermischen. Anschließend die Eier-Hüttenkäse-Mischung zu den trockenen Zutaten geben und alles mit dem Knethaken oder den Händen vermengen.
4. Nun aus dem Teig 6 gleich große Kugeln formen und diese auf ein mit Backpapier ausgelegtes Backblech legen. Die Kugeln von oben leicht platt drücken, die Oberfläche mit ein wenig Wasser bepinseln und mit den Kernen und Samen nach Belieben bestreuen.
5. Im Ofen etwa 30–40 Minuten backen, bis die Brötchen eine goldbraune Farbe angenommen haben. Eventuell zwischendurch mit einem Holzstäbchen prüfen, ob die Brötchen durchgebacken sind. Nach dem Backen auf einem Rost abkühlen lassen.

Empfehlungen für die Low-Carb-Küche

Süßes ohne Zucker: **Xucker** bietet ein breites Low-Carb-Sortiment an Süßungsmitteln, Schokoladen, Fruchtaufstrichen, Gummitieren und anderen Produkten auf Basis von Xylit und Erythrit: www.xucker.de
Dr. Almond – Low-Carb- & glutenfreie Backmischungen für Brote, Kuchen und Pizza, Low-Carb-Mehle, Erythrit, Aufstriche, Nussmuse, Bio-Kokosprodukte, Zutaten und Rezepte für Low-Carb-Schokolade u.v.m. Onlineshop: https://lowcarb-glutenfrei.com/
Onlinekurse zu den Themen Low-Carb und »gesunde Ernährung«: LowCarb Basics, Abnehmen mit LowCarb, 5-Elemente-Ernährung der TCM, Ketogene Ernährung, 30-Tage-RESET, Ernährung bei Autoimmunerkrankungen. 20 % Rabatt mit Aktionscode »lowcarb« unter http://lowcarb-ketogen.de/
Weitere Infos und Empfehlungen zu Spiralschneidern und diversen Low-Carb-Produkten wie z. B. Low-Carb-Mehlen, Konjakprodukten etc. finden Sie auf der Seite zum Buch unter **www.onepot-lowcarb.de**

Danksagung

Bianca zeigt mit ihrem Food-und-Fitness-Instagram-Account **@fitness_bianca** sowie in ihrem Blog **www.biancazapatka.wordpress.com** anhand von schönen Fotografien, wie lecker, bewusst und ausgewogen man sich ernähren kann. Egal ob vegetarisch, mit Fleisch/Fisch und süß oder herzhaft. Hier ist für jeden etwas dabei und hier wird garantiert jeder hungrig!
Diana vom Blog **www.schwarzgrueneszebra.de** teilt auf ihrer Seite jede Woche leckere Low-Carb-Gerichte. Nicht nur schnelle Gerichte für jeden Tag, sondern auch Außergewöhnliches für die besonderen Momente oder den süßen Zahn. Ihr Motto lautet: Geht nicht gibt's nicht!
Männer an den Herd! Egal ob vegan oder vegetarisch, süß oder herzhaft – **Christopher**, auch bekannt als **@fussal93** auf Instagram, liebt es, in der Küche mit seinen Zutaten zu experimentieren und seine Kreationen schmackhaft in Szene zu setzen. Sein Motto: Genuss kann auch ganz einfach sein!
Gesundes Essen kann so gut aussehen! Das beweist uns **_josfin_** auf ihrem Instagram-Account mit sehenswert angerichteten Kreationen. Sie postet nicht nur ihr leckeres alltägliches Food, sondern präsentiert ihren Followern auch eigene Rezepte, die wie zum Nachmachen geschaffen sind!
Katharina – schnelle, gesunde Fitnessküche für jedermann. Leckereien können gesund sein und ausgewogen kochen geht auch in der Mikrowelle. Wie? Das zeigt Katharina auf ihrem Fitness-Account bei Instagram: **@squatsandpeanuts**

Mandy zeigt auf ihrem Instagram-Account **@mia.mirabelle** einfache Rezepte, die leicht umzusetzen und auch noch gesund sind. Hier ist von Low-Carb, Low-Fat bis hin zu vegetarisch und vegan von allem etwas dabei. Zudem werden alle Back- und Kochwerke liebevoll in Szene gesetzt, sodass die Fotos schon Lust aufs Backen bzw. Kochen machen.
Marisa von Marisa's Table zeigt auf ihrem Blog **www.marisastable.com** und ihrem Instagram-Account **@marisastable**, wie man sich auch mit Intoleranzen und Allergien den Alltag versüßen kann. Mit farbenfrohen Bildern, leckeren Rezepten und ganz viel Leidenschaft präsentiert sie wöchentlich ihre liebsten Gerichte und Tipps rund ums Essen!
Ronja vom Onlinemagazin Food'n'Photo beweist, dass auch das Auge mitisst. Auf ihrem Blog **www.foodnphoto.de** und ihrem Instagram-Account **@miss_gruenkern** präsentiert sie leckere und gesunde Gerichte, die allein schon beim Ansehen Appetit machen.
Sich gesund und ausgewogen zu ernähren kann so einfach sein! Wie man simple, aber dennoch leckere Gerichte ganz leicht in den Alltag integrieren kann, zeigt euch **Vanessa F.** auf ihrem Instagram-Account: **@vanvanblabla**

Über die Autorin

Veronika Pichl, Jahrgang 1980, ist erfolgreiche Buchautorin zu den Themen Abnehmen, Ernährung, Bewegung und Glücklichsein. Sie entwickelt Ratgeber für den riva Verlag und den von ihr selbst gegründeten Happy Fit Food Verlag (www.happyfitfood.de). Im riva Verlag sind bereits die Titel *Chia for fit*, *Quinoa for fit*, *Eiweiß for fit*, *Essen mit Liebe*, *Klassiker Low-Carb*, *Ich liebe Kaffee*, *Porridge – Mehr als nur Frühstück* und *Süßes und Desserts Low-Carb* (auch in einer Variante für den Thermomix®) erschienen.
Sie lebt mit ihrem Mann und ihren beiden Kindern im Nürnberger Land.

Bild- und Rezeptnachweis

S. 23: Rindfleischtopf (Rezept): Bianca Zapatka, #fitness_bianca; S. 24/25: Mariniertes Schweinefilet auf Ofengemüse (Rezept): Katharina Clören, #squatsandpeanuts; S. 26/27: Gyrostopf (Rezept + Foto): Diana Ruchser, schwarzgrueneszebra.de; S. 28: Sauerkraut-Kassler-Topf (Rezept + Foto): Diana Ruchser, schwarzgrueneszebra.de; S. 29: Kürbis-Curry mit Schweinefilet (Rezept): Katharina Clören, #squatsandpeanuts; S. 30: Wirsing-Curry-Topf (Rezept + Foto): JosephinRitzka, #_josfin_; S. 32/33: Gulaschtopf (Rezept + Foto): Diana Ruchser, schwarzgrueneszebra.de; S. 34/35: Paprika-Hackfleisch-Topf (Rezept + Foto): Diana Ruchser, schwarzgrueneszebra.de; S. 37: Kohlrabi-Bandnudeln mit Schinken-Sahne-Soße (Rezept + Foto): Veronika Pichl, happyfitfood.de; S. 40/41: Möhren-Kohlrabi-Topf mit Cabanossi (Rezept + Foto): Diana Ruchser, schwarzgrueneszebra.de; S. 47: Lachs-Spargel-Pfanne (Rezept + Foto): JosephinRitzka, #_josfin_; S. 48/49: Würziges Fischcurry (Rezept): Bianca Zapatka, #fitness_bianca; S. 50/51: Rosmarin-Lachs mit knackigem Gemüse und Honig-Senf-Soße (Rezept + Foto): Vanessa Faschingbauer, #vanvanblabla; S. 52: Garnelencurry(Rezept): Bianca Zapatka, #fitness_bianca; S. 53: Fischtopf brasilianische Art (Rezept): Bianca Zapatka, #fitness_bianca; S. 54/55: Fischpfanne »Bouillabaisse« (Rezept): Bianca Zapatka, #fitness_bianca; S. 56/57: Kabeljau in Tomatensoße mit Oliven und Kräutern (Rezept): Katharina Clören, #squatsandpeanuts; S. 58: Couscous-Shrimps-Pot (Rezept + Foto): Marisa Böckler, #marisastable; S. 60: Cremige Brokkoli-Sellerie-Suppe mit Feta (Rezept + Foto): Miriam; S. 61: Blumenkohlcremesuppe(Rezept)::Bianca Zapatka, #fitness_bianca; S. 62: Blumenkohl-Rosenkohl-Eintopf (Rezept): Katharina Clören, #squatsandpeanuts; S. 63: Orientalische Kohlrabi-Spinat-Suppe (Rezept + Foto): JosephinRitzka, #_josfin_; S. 64/65: Zucchini-Auberginen-Lasagne (Rezept + Foto): Vanessa Faschingbauer, #vanvanblabla; S. 66: Kichererbsencurry (Rezept + Foto): Ronja Pfuhl, Food'nPhoto, #miss_gruenkern; S. 67: Wirsing-Senf-Eintopf (Rezept + Foto): Ronja Pfuhl, Food'nPhoto, #miss_gruenkern; S. 68: Gemüseeintopf aus dem Ofen mit Parmesan (Rezept): Katharina Clören, #squatsandpeanuts; S. 70: Kohlrabi-Karotten-Sahne-Gemüse (Rezept + Foto): Mandy Brünig, #mia.mirabelle; S. 71: Zucchini-Feta-Auflauf (Rezept + Foto): Vanessa Faschingbauer, #vanvanblabla; S. 72: Überbackener Spaghettikürbis (Rezept): Katharina Clören, #squatsandpeanuts; S. 73: Blumenkohlcurry mit roten Linsen (Rezept + Foto): Miriam Matin; S. 74/75: Pfannenpizza Tomate-Mozzarella (Rezept + Foto): Vanessa Faschingbauer, #vanvanblabla; S. 76: Minestrone mit weißen Bohnen (Rezept + Foto): Miriam Matin; S. 77: Karotten-Curry-Kokossuppe (Rezept + Foto): Mandy Brünig, #mia.mirabelle; S. 80: Kichererbsen-Blumenkohl-Pot (Rezept + Foto): Vanessa Faschingbauer, #vanvanblabla; S. 81: Thai-Zoodles (Rezept + Foto): Ronja Pfuhl, Food'nPhoto, #miss_gruenkern; S. 83: Asiatische Gemüsepfanne mit Tofu und Mandelmussoße (Rezept + Foto): Miriam Matin; S. 85: Apple Crumble (Rezept): RonjaPfuhl, Food'n Photo, #miss_gruenkern; S. 86: Erbeerkuchenaus der Pfanne (Rezept + Foto): JosephinRitzka, #_josfin_; S. 87: One Pot Cheesecake (Rezept + Foto): Christopher Breitfuß, #fussal93; S. 88: Ricotta-Blaubeer-Kuchen (Rezept + Foto): Miriam Matin; S. 90: Sonnenblumenbrot (Rezept + Foto): Diana Ruchser, schwarzgrueneszebra.de; S. 91: Walnussbrot (Rezept + Foto): Diana Ruchser, schwarzgrueneszebra.de; S. 92: Körnerbrot (Rezept): Katharina Clören, #squatsandpeanuts; S. 93: Körnerbrötchen (Rezept + Foto): Miriam Matin

S. 5: margouillatphoto/shutterstock.com; S. 6: Cesarz/shutterstock.com; S. 7: Saklakova / shutterstock.com; S. 8: Andrey_Popov/shutterstock.com; S. 9: Charles Brutlag/shutterstock.com; S. 10: VGstockstudio/shutterstock.com; S. 12: nd3000/shutterstock.com; S. 13: lola1960/shutterstock.com; S. 14 re: Alexander Prokopenko /shutterstock.com; S. 14 li: Romariolen/shutterstock.com; S. 15 oben: Sergey Xechikov /shutterstock.com; S.15 unten: Alexander Raths/shutterstock.com; S. 19 oben: thefoodphotographer/shutterstock.com; S. 19 unten: AmawasriPakdara/shutterstock.com; S. 21 oben: AmalliaEka /shutterstock.com; S. 21 unten: Veebee Design/shutterstock.com; S. 23: Olga Navashkova/shutterstock.com; S. 25: Fabio Balbi/shutterstock.com; S. 29: LesyaDolyuk/shutterstock.com; S. 31: minadezhda/shutterstock.com; S. 36: Magr/shutterstock.com; S. 38: Alexander Raths/shutterstock.com; S. 39: Wiktory /shutterstock.com; S. 42: Remus Moise /shutterstock.com; S. 43: vkuslandia /shutterstock.com; S. 44: travellight/shutterstock.com; S. 45: NanaliiaEina /shutterstock.com; S. 46: pamuk/shutterstock.com; S. 49: Deepu B Pillai/ shutterstock.com; S. 52: MariaKovaleva /shutterstock.com; S. 53: rocharibeiro/shutterstock.com; S. 55: hlphoto /shutterstock.com; S. 57: marcomayer/shutterstock.com; S. 59: fired/shutterstock.com; S. 61: YuliaFurman/shutterstock.com; S. 68: Ekaterina Kondratova/ shutterstock.com; S. 69: Olga Nayashkova/shutterstock.com; S. 72: Julie deshaies/shutterstock.com; S. /shutterstock.com; S. 79: Antonio Danna/shutterstock.com; S. 82: OlhaAfanasieva /shutterstock.com; S. 84: Timolina/shutterstock.com; S. 85: Anna Shepulova /shutterstock.com; S. 89: Brent Hofacker/shutterstock.com